AF329757

De l'Esclavage aux États-Unis ————

Revue des Deux Mondes, Le Code Noir et les Esclaves

" —————————————— 15 Déc. 1860 ———

" — Les Planteurs et les Abolitionistes 1. Janv. 1861

" — Les Noirs Américains depuis la Guerre, 15 mars 1863

" ———————— " ————————— 1. avril.? 15 Déc.? 1863

DE L'ESCLAVAGE

AUX ÉTATS-UNIS

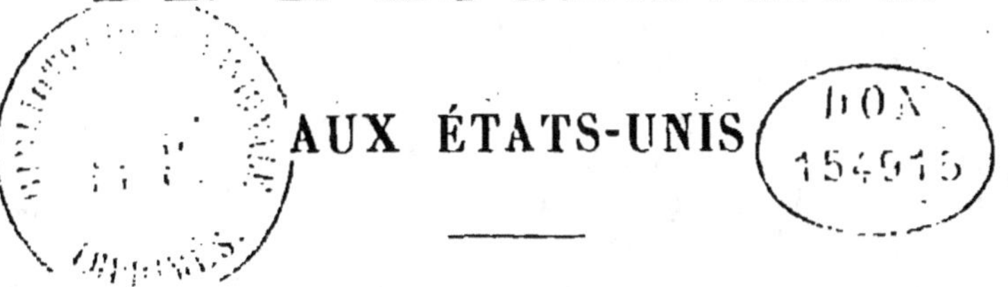

I.

LE CODE NOIR ET LES ESCLAVES.

—

I. *The Barbarism of Slavery*, by Charles Sumner, Boston 1860. — II. *Maryland Slavery and Maryland Chivalry*, by R. G. S. Lame, Philadelphia 1860. — III. *Slavery doomed*, by Frederick Milner Edge, London 1860. — IV. *The Impending Crisis*, by Hinton Rowan Helper, New-York 1858. — V. *Sociology for the South*, by George Fitzhugh, Richmond 1854. — VI. *The Negro-law of South-Carolina*, collected and digested by John Belton O'Neall, Columbia 1848. — VII. *Code Noir de la Louisiane*, etc.

Il y a vingt-cinq ans, le parti abolitioniste n'existait pas en Amérique. Les whigs et les démocrates recrutaient également leurs partisans dans les états libres et dans les états à esclaves. Lors des élections générales, ce n'était point la question du travail libre qui passionnait les masses : des intérêts d'un ordre secondaire, tels que le tarif douanier, les banques, le droit de visite, avaient seuls le privilége d'entraîner les esprits. Çà et là s'élevaient quelques discussions théoriques sur la légitimité de l'esclavage, les citoyens éclairés envisageaient l'avenir avec un certain effroi; mais nul ne protestait au nom des droits de l'homme, au nom de la conscience outragée, contre l'asservissement des noirs. Sans comprendre que les meilleures causes ne peuvent triompher seules, et qu'il leur faut aussi d'héroïques défenseurs, les meilleurs esprits se contentaient d'attendre des progrès du siècle une heureuse solution du formidable problème.

Les commencemens du parti qui vient de l'emporter dans l'élection présidentielle de 1860 furent plus que modestes. Un imprimeur pauvre et sans instruction, mais doué d'une indomptable énergie, William Lloyd Garrison, eut le courage d'entreprendre seul la croisade contre l'esclavage. Réfugié dans un bouge de Boston, il fonda en 1835 le journal le *Liberator*, il réclama la liberté des noirs; il osa dire que les descendans de Cham et ceux de Japhet étaient frères et pouvaient prétendre aux mêmes droits. Le scandale fut immense. Garrison fut saisi, traîné, la corde au cou, dans les rues de Boston, poursuivi par les huées de la populace, et jeté en prison comme un vil malfaiteur. Il en sortit plus résolu que jamais, et bientôt se groupèrent autour de lui quelques sociétés d'abolitionistes. Dispersées par la force, ces sociétés se reformèrent plus nombreuses. Le parti commençait à poindre çà et là dans les grandes villes; il osa présenter ses candidats aux élections locales, il réussit à faire nommer un représentant au congrès, puis un sénateur. En 1850, quinze ans après la fondation du *Liberator*, la question de l'esclavage dominait déjà toutes les autres, et le congrès était transformé en un club où on la discutait sans cesse. En 1856 enfin, les anciens partis se brisaient pour laisser le champ libre à la grande lutte des abolitionistes et des républicains unis contre les esclavagistes; les états du nord adoptaient solennellement une politique différente de celle des états du sud. Vaincus dans l'élection présidentielle de 1856, ils ont été vainqueurs dans celle de 1860. Ce que Washington, à son lit de mort, prévoyait avec un instinct divinatoire semble près d'arriver. Déjà la république est scindée en deux grandes fractions séparées par une frontière géographique; pour maintenir l'union entre ces deux moitiés hostiles, il ne reste plus que les traditions d'une gloire et d'une prospérité communes, des intérêts commerciaux, et les conseils presque oubliés du *père de la patrie*.

. Les événemens qui se préparent en Amérique, et qui ouvriront une nouvelle période, la dernière peut-être, du débat sur l'esclavage, sont de la plus haute importance. Les faits les plus considérables de l'histoire contemporaine de l'ancien monde sont d'un intérêt presque secondaire, comparés à la lutte qui doit précéder sur la terre américaine la réconciliation finale des blancs et des noirs. Là sont deux races d'hommes, deux humanités, dirai-je, qui se trouvent enfermées dans la même arène pour résoudre pacifiquement ou les armes à la main la plus grande question qui ait jamais été posée devant les siècles. D'un côté, ce sont les propriétaires du sol, les fils des conquérans, fiers de leur intelligence, de leur âpre volonté, de leurs richesses, issus de cette noble race blanche qui, par la force des armes, du commerce et de l'industrie, s'empare graduellement du monde entier; de l'autre, ce sont de pauvres esclaves livrés sans défense à leurs maîtres, ne possédant rien, ni le champ qu'ils labourent, ni le vêtement qu'ils portent, réputés infâmes à cause de la couleur de la peau, condamnés au fouet, à la corde ou au bûcher s'ils osent penser à la liberté. Et cependant, si ces êtres ne parviennent pas à conquérir cette liberté sans laquelle on n'a pas même titre au nom d'homme, l'histoire du progrès s'arrête fatalement, les peuples restent voués aux luttes et aux discordes; les enfans de la même terre continuent à se dévorer les uns les autres, et cette union des hommes entre eux, qui est l'idéal où tend l'humanité, trompera toujours nos espérances.

Le continent de l'Amérique septentrionale forme un imposant théâtre pour ce grand combat. Au centre s'étale le bassin fluvial du Mississipi, le plus beau sans doute du monde entier par la fertilité de son territoire, la douceur de son climat, le vaste développement de ses voies navigables, la rapidité sans exemple de son peuplement et de sa mise en culture. C'est dans ce beau pays, dont une moitié est cultivée par des esclaves, l'autre par des hommes libres, qu'aura lieu, selon toute apparence, la grande mêlée entre les fils de l'Europe et ceux de l'Afrique; mais les rivages du Pacifique et de l'Atlantique, les deux Canadas, les plateaux et les montagnes des Rocheuses, le Mexique et cette belle traînée d'îles merveilleuses, Cuba, Haïti, la Jamaïque, Porto-Rico, les Antilles du vent et les Antilles sous le vent, sont aussi comme autant de laboratoires sociaux où la question brûlante de l'union des races et de la liberté se représente sous diverses formes. Semblable à un vaste cratère environné de nombreux cônes volcaniques, la république américaine, où peut monter comme une lave le flot de l'insurrection servile, est entourée de diverses régions, les unes où des scories brûlantes sont déjà sorties du sein de la terre, les autres où des tremblemens précurseurs annoncent une éruption prochaine. L'histoire contemporaine du continent tout entier se confond avec celle de l'esclavage, et tous les peuples de la terre qui regardent par-delà les océans sont également intéressés à l'issue de la grande lutte, car les hommes sont solidaires les uns des autres : l'avilissement des esclaves noirs est celui de tous les prolétaires, et leur affranchissement sera la plus belle des victoires pour tous les opprimés des deux mondes. Ainsi le problème de l'esclavage offre en lui-même un intérêt bien plus général que ne semble le révéler au premier abord la récente élection présidentielle.

I.

La condition vraie de l'esclave américain se révèle clairement dans le texte même des codes noirs tels qu'ils ont été promulgués, avec diverses variantes peu essentielles, par les législatures de la Louisiane, des deux Carolines et des autres états du sud. « L'es-

clave, disent tous ces codes, est la propriété absolue de son maître. » C'est un immeuble que celui-ci peut échanger, vendre, louer,
hypothéquer, emmagasiner, inventorier, jouer sur le tapis vert,
transmettre en pur don ou par héritage... « La condition de l'esclave
étant simplement celle d'un être passif, il doit à son possesseur et
à tous les membres de la famille du maître un respect sans limites
et une obéissance sans bornes (1). » Il ne peut rien posséder en son
propre nom, rien vendre ou acheter sans l'aveu de son maître; il ne
peut travailler pour son propre compte; il n'a pas d'existence légale;
il ne saurait plaider en justice ni servir de témoin, si ce n'est contre
ses frères accusés de conspiration, et, dans quelques états, contre
les *économes* ou gardiens blancs, toujours soupçonnés par les maîtres et presque rangés avec mépris dans la catégorie des esclaves (2).
Le droit de défense personnelle, qui appartient à tout être humain,
n'appartient pas au nègre asservi (3). Il ne peut monter à cheval
ou porter des armes sans une permission expresse. Il n'a pas le droit
d'aller et de venir, et ne peut sortir de la plantation ou du quartier
qu'il habite sans être muni d'un permis en règle; même ce permis
devient inutile si plus de sept noirs se trouvent ensemble sur la
voie publique : ceux-ci sont alors en contravention, et le premier
blanc qui les rencontre peut les faire saisir et leur infliger vingt
coups de fouet. L'esclave est une chose et non pas un homme, et
ceux qui le transportent d'un endroit à un autre sont responsables
de sa perte ou des accidens qui peuvent lui arriver, comme ils le seraient de la perte ou des avaries d'un colis ou de toute autre marchandise (4). La loi a décrété que les esclaves n'ont pas d'âme; elle
a condamné à mort leur intelligence et leur volonté, elle ne laisse
vivre que leurs bras. Les esclaves n'ont pas d'âme! Tel est le principe qui donne naissance à tant de crimes : c'est la source impure
de laquelle un torrent d'iniquités déborde à grands flots sur l'Amérique.

Les droits des esclaves, si cet auguste mot peut être profané pour
des hommes qui n'ont pas la liberté, se rapportent exclusivement à
leur vie animale. Tout planteur est tenu de donner chaque mois à son
esclave une pinte de sel et un baril de maïs, ou bien l'équivalent en
riz, haricots ou autres grains; au commencement de l'été, il doit
en outre faire cadeau à chaque nègre de la plantation d'une chemise
de toile et d'une paire de pantalons; au commencement de l'hiver, il
donne des vêtemens de rechange et une couverture de laine. Il lui
est interdit de faire travailler les esclaves plus de quinze heures par

(1) *Code noir de la Louisiane.*
(2) *Negro-law of South-Carolina*, page 41.
(3) *Ibid.*, pages 28 et suivantes.
(4) *Ibid.*, pages 13 et suivantes.

jour en été, de quatorze heures en hiver (1). Le repos du dimanche
ne peut être ravi aux nègres, à moins que les planteurs ne leur
donnent 50 cents pour le travail de cette journée. Il va sans dire
que les maîtres n'ont à rendre aucun compte des coups de fouet
qu'ils distribuent; cependant un article du code noir de la Caroline
du sud renferme la clause suivante : « Toute personne qui, de pro-
pos délibéré, coupera la langue à un esclave ou lui arrachera l'œil,
le châtrera, l'échaudera cruellement, lui brûlera un membre, le
privera de l'usage d'une partie de son corps, ou lui infligera quelque punition féroce autre que la peine du fouet, du nerf de bœuf,
du bâton, des fers, de la prison et du cachot, sera passible d'une
amende pour chacun de ces délits. » Dans la Caroline du sud, cette
amende est fixée à 61 dollars 25 cents (2); en Louisiane, elle peut
s'élever à 200 et même 500 dollars. Cet article offrirait au moins
une garantie à l'esclave, si le blanc pouvait être accusé par ses victimes; mais les noirs n'existent pas devant la loi, et si, par impossible, un autre propriétaire de nègres accusait le planteur criminel,
celui-ci pourrait toujours se disculper en affirmant par serment son
innocence : une prime est ainsi offerte à son parjure. Outre la pinte
de sel, le baril de maïs, les vêtemens d'hiver et d'été, la somme
de 50 cents pour le travail du dimanche, la loi ne garantit rien à la
personne de l'esclave. Dans l'esprit des législateurs, ces avantages
suffisent pour assurer son bonheur matériel. Quant au reste, intelligence, cœur, volonté, tout appartient au maître : qu'il en fasse ce
que bon lui semble, la loi n'admet pas ces choses dans l'Africain.

Si la liberté du nègre asservi est nulle, en revanche, par un mon-
strueux manque de logique, sa responsabilité est grande : pour les
droits il est une chose, mais pour les devoirs il redevient homme;
il est censé moralement libre lorsque sa liberté peut le faire condamner au fouet ou à la mort. La loi et la volonté du maître lui
imposent un grand nombre d'obligations et le punissent sévèrement
en cas de désobéissance. Ce qui est un crime chez le blanc l'est également chez le nègre; celui-ci même peut commettre, d'après la loi,
toute une série de crimes et de délits au-dessus desquels le blanc se
trouve placé par le privilège de sa couleur; il s'ensuit que les punitions diffèrent complétement, selon qu'elles s'appliquent à un condamné de l'une ou de l'autre race. Les blancs sont en général punis
do l'amende ou de la prison; les nègres ne sauraient payer l'amende,
puisqu'ils ne possèdent rien en propre, et leurs maîtres, dont ils
sont la chose, le capital vivant, se refusent à les faire incarcérer, à
laisser ainsi dormir leur capital sans en recueillir les intérêts. Il ne

---

(1) *Negro-law of South-Carolina*, page 21.
(2) *Ibid.*, page 20.

reste donc plus pour les esclaves, ces gens réputés infâmes, que deux peines infamantes : le fouet et la pendaison. Cette dernière peine est rarement appliquée, excepté dans les époques d'insurrection, où le danger des blancs exige de rigoureuses mesures de salut public ; d'ordinaire les propriétaires d'esclaves font tous leurs efforts pour empêcher la condamnation de leurs nègres à la peine capitale, car le gouvernement ne leur paie que 300 dollars par tête de condamné, c'est-à-dire au plus le cinquième de ce que cet esclave leur a coûté. Le fouet, cet instrument si commode, les dispense le plus souvent de la triste nécessité de se ruiner en laissant prendre leur propre nègre. On bat, on fouette, on enlève des lanières de chair sans que pour cela l'esclave soit en danger de mort, et après quelques jours de souffrances et de gémissemens le torturé recommence son travail dans le champ de cannes ou de cotonniers. Il est vrai que pendant les jours de surexcitation populaire les nègres insurgés ou coupables de meurtre ne peuvent compter sur l'avidité de leurs maîtres ; réclamés à grands cris par la populace ou par les planteurs ameutés, ils sont livrés à la foule et aussitôt pendus à un arbre, déchirés en morceaux ou même brûlés vifs. Dans les derniers temps, ces scènes d'épouvante se sont renouvelées fréquemment au sud des États-Unis, et la terrible loi de Lynch menace de remplacer toutes les autres.

Le texte de la loi ordinaire condamne à mort le nègre qui frappe et blesse son maître, sa maîtresse, leurs enfans ou l'économe blanc qui le dirige, à mort celui qui mutile volontairement un blanc, à mort celui qui pour la troisième fois frappe un blanc, à mort celui qui poignarde ou tire un coup de fusil avec intention de tuer, à mort l'empoisonneur, l'incendiaire, le voleur, le rebelle, au fouet celui qui se promène sans permis, celui qui ose monter à cheval sans autorisation spéciale, celui qui travaille peu au gré de l'économe, celui qui pour une cause ou pour une autre a le tort de déplaire à son maître. L'esclave doit toujours, sans exception, exécuter les ordres du blanc, et pourtant s'il obéit à la parole du maître qui lui ordonne d'incendier le gerbier ou de détruire la maison d'un planteur, il sera fouetté ou souffrira toute autre punition corporelle ; quant au maître, il est condamné seulement à payer des dommages-intérêts. Ainsi l'esclave est également coupable dans les deux cas, qu'il obéisse ou qu'il se permette de désobéir ; l'instrument est toujours puni, qu'il soit rebelle ou docile. Quand un esclave a été condamné à une punition quelconque, il ne peut être mis en liberté avant que son maître n'ait payé les frais de poursuite ; si le propriétaire se refuse à payer, le nègre reste indéfiniment prisonnier, coupable de l'insolvabilité du planteur. Tous les jugemens portés contre les noirs sont rendus par des tribunaux qui se composent, selon les états, de trois, six ou neuf propriétaires d'esclaves, présidés par un juge de paix et choisis dans la localité même où le crime vrai ou prétendu a été commis; c'est dire que les accusés sont livrés à la merci de la haine et de la vengeance. Afin de compléter cet aperçu des dispositions du code pénal, ajoutons que, d'après le texte de la loi, le blanc meurtrier d'un nègre est passible de la peine capitale; mais on comprend que les circonstances atténuantes ne manquent pas pour amoindrir le crime du planteur, accusé et jugé par ses pairs dans une cause qui est en même temps la leur. D'ailleurs cette loi, véritable *réclame* à l'adresse des abolitionistes du nord, se hâte d'ajouter que le blanc coupable seulement d'avoir assassiné un nègre dans un mouvement de colère est passible d'une amende de 500 dollars au plus, et d'un emprisonnement n'excédant pas six mois. Quoiqu'il n'ait jamais été exécuté, cet article du code a soulevé bien des récriminations parmi les hommes du sud, et nombre de jurisconsultes se demandent si le meurtre d'un nègre est vraiment un meurtre.

Dans les états du sud où les prétendus nègres libres n'ont pas été déjà frappés d'un décret de proscription en masse, les affranchis, n'étant protégés par aucun propriétaire, ont encore bien plus que les esclaves à redouter la terrible action des lois qui pèsent sur eux. Ils sont censés libres, mais ils n'ont pas les priviléges des hommes libres; ils ne peuvent voter dans les comices ni s'occuper aucunement des intérêts politiques ou sociaux de la république; ils ne siégent pas comme jurés dans les tribunaux, ils ne peuvent même servir de témoins, si ce n'est contre des esclaves ou des hommes de leur caste, et encore sans la formalité d'un serment, trop noble pour être souillé en passant par leurs lèvres (1); il leur est défendu de porter des armes sous peine du fouet. D'après le texte de la loi, ils ne peuvent même se couvrir que de vêtemens d'étoffes grossières, et, comme des galériens, doivent ainsi se signaler de loin par leur costume; on s'occupe aujourd'hui de remettre en vigueur ce règlement du code noir, qui était tombé en désuétude. Le nègre libre qui insulte ou frappe un blanc est puni d'emprisonnement ou d'amende, à la discrétion de la cour, suivant l'énormité du crime. S'il est d'abord frappé par le blanc, et qu'il ait l'audace de se défendre et de tuer l'agresseur pour protéger sa propre vie, il est coupable de meurtre et jugé en conséquence (2). Il ne peut épouser qu'une femme de sa caste; il lui est défendu de se marier même avec une esclave : toute union ainsi contractée est qualifiée par la loi de vil concubinage, les enfans qui en proviennent sont illégitimes et ne peuvent hériter de leurs parens. Pas plus que les esclaves, les nègres et les

---

(1) *Negro-law of South-Carolina*, pages 13 et suivantes.
(2) *Ibid.*, page 28.

hommes de couleur libres n'ont l'autorisation d'assister en grand nombre à une réunion de prières avant le lever ou après le coucher du soleil. Passé neuf heures du soir, même lorsqu'ils ne forment qu'une faible partie de l'assemblée, ils n'ont plus le droit d'adorer leur Dieu, et les hommes de patrouille, pénétrant violemment dans leur chapelle, peuvent infliger à chacun d'eux vingt coups de fouet pour avoir osé prier à l'heure où les étoiles brillent au ciel (1).

Ce n'est pas tout : la liberté de circulation, cette liberté si précieuse, surtout en Amérique, est virtuellement interdite aux affranchis. Ils n'ont pas le droit de réclamer de passe-ports, car ils ne sont pas citoyens des États-Unis, et tout récemment encore une dame de sang-mêlé à laquelle on avait par méprise accordé un passeport américain ne put le faire viser à Londres par le ministre de sa patrie. Suspects à cause de leur couleur, qui les fait prendre pour des esclaves, les affranchis ne peuvent voyager hors de leur commune sans s'exposer à la prison, ou bien aux insolences des blancs qu'ils rencontrent. Dans le Tennessee, on ne leur permet pas de voyager en wagon de chemin de fer à moins qu'un planteur ne fournisse pour eux une caution de 1,000 dollars. S'ils ne consentent à s'exiler complétement du territoire de la république américaine, ils sont de fait internés dans le lieu de leur résidence, et ne peuvent élire domicile dans un autre état à esclaves, sous peine d'être fouettés une première fois et d'être vendus aux enchères en cas de récidive. Hors du lieu de leur résidence, le premier venu peut les voler et les vendre, car, en vertu d'une décision récente de la cour suprême des États-Unis dans l'affaire de l'esclave Dred Scott (2), « les nègres libres n'ont aucune espèce de droits que les blancs soient tenus de respecter. Ils peuvent justement et légalement être réduits en esclavage pour le profit du blanc. » Tout homme de couleur ou nègre libre, arrivant dans un port du sud à bord d'un navire quelconque, en qualité de cuisinier, de maître d'hôtel ou de matelot, est immédiatement transféré dans la prison de ville, et le capitaine doit promettre de le reprendre à son bord en fournissant une caution de 1,000 dollars pour répondre du paiement des frais occasionnés par l'emprisonnement. S'il ne remplit pas toutes ces obligations, il peut être condamné à 1,000 dollars d'amende et à six mois de prison (3). Telles sont les lois sévères que les législateurs des états du sud ont décrétées depuis quarante ans déjà, afin d'éviter les dangers dont la liberté des affranchis menace la sécurité des blancs.

Récemment encore, plusieurs sociétés composées d'esclavagistes

---

(1) *Negro-law of South-Carolina*, page 21.

(2) Voyez à ce sujet l'étude de M. C. Clarigny sur *l'Élection présidentielle aux États-Unis* dans la *Revue* du 1er décembre 1860.

(3) *Negro-law of South-Carolina*, page 15.

bienveillans, désirant arriver au même but en se débarrassant des esclaves libres, proposaient de leur faire un pont d'or pour les attirer hors du territoire de la république; elles frétaient des navires afin de les envoyer à Saint-Domingue, à Libéria, au cap Palmas; elles ne cessaient de proclamer avec emphase la prospérité des républiques nègres de la côté de Guinée; elles prêchaient les avantages de la liberté sur la terre d'Afrique avec autant de ferveur que ceux de l'esclavage sur la terre d'Amérique. Toutefois les nègres libres qui ont prêté l'oreille à ces conseils doucereux sont au nombre de quelques milliers à peine, et, sous le souffle de ce vent de haine qui passe sur la république, les aristocraties des états à esclaves se croient obligées de prendre des mesures effrayantes de salut public afin d'exterminer le crime irrémissible de la liberté. Le mal s'aggrave nécessairement par le mal : chaque crime des blancs contre les noirs ne peut être pallié que par un autre crime. Il n'est pas dans la langue humaine de mots pour exprimer l'atrocité des nouveaux décrets portés contre les nègres libres. D'atroces mesures que des énergumènes seuls osaient proposer il y a quelques années sont maintenant votées avec un formidable ensemble par la caste entière des planteurs : exil, esclavage et mort sont les seuls mots qu'on prononce aujourd'hui dans ces terribles assemblées législatives. Laissons parler le texte même des décrets dans sa hideuse éloquence.

Dans le courant de l'année 1859, la législature de l'Arkansas a voté une loi bannissant tous les nègres libres du territoire de l'état. Tous les proscrits qui n'avaient pu se résoudre à quitter leurs foyers avant le 1er janvier 1860 ont été mis aux enchères et vendus comme esclaves. Les deux chambres de la législature du Missouri ont adopté une loi de même nature, condamnant à la servitude tous les nègres libres trouvés sur le territoire de l'état à partir du 1er septembre 1861. En outre, tout nègre libre d'un autre état qui s'introduira dans le Missouri et y séjournera plus de douze heures sera immédiatement vendu comme esclave. La législature de la Louisiane a tenu à honneur de voter une loi semblable. Les planteurs du Mississipi, beaucoup plus pressés que ceux de la Louisiane et du Missouri, n'ont donné aux nègres libres que six mois de répit, du 1er janvier au 1er juillet 1860; mais, se souvenant à temps de leurs devoirs de *républicains,* ils ont décidé que le produit de la vente des hommes libres serait employé à fonder des écoles pour les enfans pauvres. Les législateurs de la Géorgie se sont hypocritement contentés de condamner tous les nègres libres convaincus de paresse ou d'immoralité à un an d'esclavage, et, en cas de récidive, à la servitude pour la vie. Ils ont en outre décidé que les affranchis condamnés, pour un délit vrai ou prétendu, à payer une amende qu'ils ne pourraient acquitter seraient vendus aux enchères pour le compte du trésor. Les chambres législatives d'autres états ont eu également à délibérer sur des projets de loi de cette nature, et tout fait présager qu'avant peu de temps le droit public aura consacré l'esclavage de tout homme ayant la peau noire ou foncée. Encore plus francs dans leur férocité que les planteurs de l'Arkansas et du Missouri, les habitans du Maryland ont couvert de signatures une pétition demandant que les soixante-quinze mille nègres libres de l'état soient immédiatement réduits en esclavage et distribués entre les citoyens blancs. Cette proposition est fondée « sur les intérêts sociaux et industriels de l'état, la destinée manifeste de la race nègre et les droits inaliénables des blancs. » Quant aux raisons invoquées, elles se réduisent aux deux affirmations suivantes, qui semblent contradictoires, mais que la haine et l'avarice cherchent à mettre habilement d'accord : « 1° le nègre libre ne travaille pas, se corrompt dans l'oisiveté, et notre devoir est de le moraliser par l'esclavage; 2° par son travail, le nègre fait concurrence au travailleur blanc. La conservation de nos justes prérogatives exige que cette concurrence immorale cesse au plus tôt. » La législature du Maryland n'a pas accédé aux vœux des pétitionnaires; mais elle a autorisé les blancs à faire travailler les enfans noirs, sans demander le consentement de leurs parens; en outre, elle a voté une loi qui permet aux personnes de couleur de renoncer à leur liberté. Cette effrayante permission ressemble à un ordre.

Par suite de la haine inflexible des esclavagistes contre les affranchis, l'émancipation d'un noir est présentement à peu près impossible. Autrefois la volonté du propriétaire suffisait, et le plus souvent les planteurs, en mourant, donnaient la liberté à un ou plusieurs nègres favoris; mais depuis que l'agitation abolitioniste a fait tant de progrès, on a pris des mesures dans tous les états à esclaves pour empêcher les affranchissemens. Bien longtemps avant qu'on eût proposé les lois récemment votées contre les nègres libres, la législature de la Louisiane avait défendu à tout propriétaire d'émanciper un nègre âgé de moins de trente ans; dans le cas où il accordait la liberté à l'un de ses noirs, le propriétaire devait obtenir l'assentiment de tous les planteurs ses voisins et s'engager à nourrir l'affranchi. Dès 1820, les chambres de la Caroline du sud décidèrent qu'aucun nègre ne serait émancipé sans un acte spécial de la législature. En 1841, ces mêmes chambres déclarèrent nuls et sans effet tous actes ou testamens par lesquels un planteur enverrait un ou plusieurs esclaves dans un autre état, afin de les y faire émanciper. Des mesures semblables ont été décrétées par les autres législatures du sud, et aujourd'hui, dans la plupart des états, un blanc ne peut affranchir son esclave, à moins d'exiler en même temps du territoire de la république le nègre qu'il affectionne. Washington mourant ne pourrait plus donner la liberté à ses esclaves. Seul entre tous, le noir qui révèle une conspiration est émancipé par ordre des chambres; le traître à sa cause est le seul qui mérite la liberté.

Si les lois déjà promulguées et celles que l'on discute sont d'une rigueur sans exemple contre les nègres libres, elles ne sont pas moins sévères contre ceux des blancs qui fraient d'ordinaire avec les nègres. Celui qui joue à n'importe quel jeu de hasard avec un homme de couleur, esclave ou libre, ou bien seulement celui qui assiste sans rien dire à un jeu de cette espèce entre des personnes de couleur perd pour ainsi dire sa qualité de blanc devant la loi, et, comme un vil nègre, est condamné à recevoir trente-neuf coups de fouet; en outre, il est puni de la prison et paie une amende, dont la moitié destinée au dénonciateur (1). Quant aux abolitionistes, il sont l'objet de la haine toute spéciale des codes noirs. Sont condamnés à mort tous ceux qui, en paroles, en actes, par écrit ou de toute autre manière, ont conseillé à un ou plusieurs esclaves de s'insurger, à mort ou aux travaux forcés pour la vie tous ceux qui, par lettres, brochures ou imprimés quelconques, publient quoi que ce soit pouvant produire un certain mécontentement parmi les noirs libres ou pousser les esclaves à l'insubordination, à mort ou aux travaux forcés de cinq à vingt et un ans tous ceux dont le langage, les signes ou les actions pourraient exciter une certaine irritation parmi les nègres libres ou les esclaves, tous ceux qui sciemment introduisent dans l'état des journaux, brochures ou livres contraires à l'institution de l'esclavage. Celui qui enlève un esclave ou le cache pour le faire échapper est passible de trois à sept ans de travaux forcés; celui qui enseigne ou permet d'enseigner à n'importe quel esclave à lire ou à écrire doit subir, d'après la loi, de un à douze mois de prison; celui qui donne un asile à des esclaves en fuite est plus coupable : il est condamné à un emprisonnement de six mois à deux ans, et à une amende de 200 à 1,000 dollars (2).

Telles sont aujourd'hui les dispositions principales des codes noirs; elles montrent d'une manière irrécusable de quel esprit les législateurs élus qui devraient représenter la conscience de la nation sont animés envers la race asservie. Mais à quoi sert de discuter les articles de ces codes? Il n'est plus de code ni de loi; les passions furieuses règnent seules dans les états du sud. A chaque nouvelle session, les législatures esclavagistes rétractent comme trop douces les lois déjà terribles de l'année précédente et votent des mesures féroces contre les nègres libres, les abolitionistes, les suspects de

____

(1) *Negro-law of South-Carolina*, pages 15 et 16.
(2) *Code noir de la Louisiane* et *Negro-law of South-Carolina*, passim.

toute couleur et de toute origine. Lorsqu'une écluse est rompue, l'eau se précipite furieuse, emportant les pierres, les langues de sable, les îles déposées dans le courant; de même la haine et la rage des planteurs débordent maintenant comme une cataracte, entraînant tout dans l'immense débâcle, les droits, les devoirs, la moralité, la pudeur; des lois impitoyables sont adoptées sans débat, l'exil ou la mort sont votés sans délai; par mesure de salut public, la justice et le bon sens sont mis à l'écart. C'est l'esprit de vertige qui domine aujourd'hui, poussant ceux qu'il veut perdre sur la pente des abîmes.

Les lois sont en réalité une lettre morte; le maître ne rend compte à personne de ce qu'il fait, il est dans sa plantation comme un capitaine à bord de son navire, et il fait à sa guise le trafic de ses travailleurs mâles ou femelles. Qui viendra l'accuser, lorsqu'en violation flagrante de la loi, il aura séparé de sa mère un enfant de sept ans ou refusé au père infirme le droit de choisir l'enfant qui doit l'accompagner sur une plantation éloignée? Aucun de ses confrères n'oserait élever la voix contre lui, car ils sont tous ses complices, et d'ailleurs l'accusé peut à son aise se disculper en niant le délit par serment. Quant aux nègres, ils ne sauraient se plaindre, puisqu'ils n'ont pas d'âme, puisque leurs plaintes et leurs murmures sont emportés par le vent qui passe. Dans les états du nord, où la loi n'est pas représentée comme en Europe par des légions de magistrats, de gendarmes, d'officiers de police, d'innombrables employés, et au besoin par des milliers de soldats, artilleurs, cavaliers et fantassins, elle n'a pour se défendre que sa propre majesté et le respect des citoyens. Là tout homme est magistrat, et pour empêcher la société de s'écrouler par son propre poids, il doit prêter main-forte à l'exécution des décrets rendus au nom du peuple souverain. Tous sont également dominés par cette volonté suprême avec laquelle se confondent les idées mêmes de patrie et de liberté; mais dans les états à esclaves les planteurs sont placés au-dessus de la loi, qui n'a été faite que par eux et pour eux; chacun la modifie au gré de sa passion ou de son intérêt. Souvent, par avarice, le propriétaire viole en faveur de son nègre la loi qui condamne celui-ci à mort; mais dans un moment de colère il viole également la loi morale, bien autrement impérieuse, qui lui recommande envers son esclave la douceur et l'équité. Il n'est pas de garanties pour les nègres, livrés pieds et poings liés à leurs maîtres : que ceux-ci observent la loi ou bien qu'ils la négligent, ils agissent toujours de leur plein gré, ils n'en sont pas moins des souverains absolus. Aussi le texte même du code n'a-t-il guère qu'une signification relative en montrant combien peu la morale publique concède au nègre les droits de l'homme. Abandonnés par la loi, par les mœurs, par la tradition, à la volonté absolue d'un seul, s'abandonnant eux-mêmes à tous les ignobles vices de l'esclave, les nègres asservis ne peuvent mettre leur espoir qu'en la générosité ou le mépris de leurs maîtres. A force de se faire petits et bas, peut-être échapperont-ils aux caprices et aux fantaisies de cette volonté qui les tient enchaînés.

L'intérêt, disent les esclavagistes et serait-on tenté de dire avec eux, l'intérêt le plus évident, commande aux planteurs de bien traiter leurs nègres, de leur donner une nourriture suffisante, des vêtemens convenables, de les soigner dans leurs maladies. Les nègres sont un capital pour le propriétaire, et celui-ci doit les préserver de tout mal, afin d'en retirer un bénéfice considérable. En effet, nous croyons que d'ordinaire les planteurs ont assez l'intelligence de leurs intérêts pour ne pas écraser leurs nègres de travail et leur procurer, au point de vue matériel, une vie aussi comfortable que celle de nos manœuvres et journaliers d'Europe. Il est rare que les possesseurs d'esclaves les fassent travailler quatorze et quinze heures, ainsi que le permet la loi; le plus souvent ils ajoutent un peu de poisson salé à la fade nourriture que les règlemens stipulent pour les nègres; ils varient selon les saisons l'hygiène des esclaves afin de les préserver de la *géophagie*, cette maladie fatale si commune chez les Africains asservis, et qui se révèle par un besoin irrésistible de manger de la terre, de l'argile, de la brique pilée. Quelques planteurs prêtent aussi de petits lopins de terre où les noirs peuvent, le dimanche, cultiver du maïs et des pommes de terre; ils leur permettent d'élever des poules, des cochons et d'autres animaux domestiques; ils achètent les produits des jardinets, prennent soin de la propreté des cases, paient à la tâche et non à la journée les nègres qui travaillent le dimanche sur la plantation. Si des soins de cette espèce sont les seuls qu'un maître doive à ses subordonnés, nul doute que bien des planteurs puissent revendiquer le titre de pères de leurs esclaves; mais les créoles ne sont-ils pas des hommes comme les autres et n'ont-ils pas aussi leurs passions? Ne peuvent-ils aussi se laisser emporter par l'orgueil, un désir tyrannique, la colère, la férocité?

Les esclaves n'ont pas seulement à redouter le maître, mais bien plus encore ses agens. L'*économe*, blanc humilié de sa position subordonnée, est d'autant plus sévère et despotique; il se sent relevé à ses propres yeux par les souffrances qu'il fait endurer à sa chiourme d'esclaves. Le *commandeur*, nègre comme les autres, mais armé du fouet souverain, aime à le brandir sur le dos de ses rivaux ou de ses ennemis personnels, et souvent il descend jusqu'à des rapports mensongers pour satisfaire ses vengeances; en outre, pour plaire à l'économe et à son maître, il aggrave sans pitié le travail des nègres qu'il commande (1)? Les membres de la famille du maître sont également redoutables pour les pauvres nègres. Ainsi le petit créole bat le négrillon qui le sert sans penser qu'il endommage son capital; la jeune dame élégante et vaporeuse fait fustiger sa femme de chambre sans voir dans ce traitement une grande perte pour la fortune de son père ou de son mari. Avec la perversité que les femmes méchantes apportent dans le crime, on ne doit pas s'étonner que les plus grandes atrocités de ce genre aient été commises par des femmes hystériques ou jalouses poussant la haine jusqu'aux dernières limites de la cruauté. On m'en citait une qui gardait toujours son fouet dans la main, et même à l'heure des repas l'attachait au poignet, afin de pouvoir frapper en mangeant. Une autre, torturée sans cesse par des ressentimens d'amour, faisait enchaîner chaque nuit une mulâtresse au pied de son lit, et son premier acte, au moment du réveil, était de saisir un fouet et d'en cingler les chairs de l'esclave. Une troisième dame, charmante et d'une amabilité suprême, avait à demi enterré des négresses au fond d'une cave et leur brûlait périodiquement les entrailles avec un fer rouge. Il est vrai que la populace insurgée de la Nouvelle-Orléans assaillit la demeure de cette furie; malgré la résistance de quelques créoles, la foule mit en liberté les corps à demi putréfiés, mais encore vivans, qui s'agitaient dans leurs chaînes, et livra aux flammes cette maison d'infamie. Si la loi de Lynch ne fût pas intervenue pour mettre un terme à de pareilles atrocités, il est probable que la loi officielle n'eût rien fait; tout au plus se fût-elle hasardée à infliger une légère amende.

II.

Souffrances physiques ou maladies ne sont rien cependant en comparaison de l'avilissement moral, car elles n'atteignent que l'individu, tandis que la dégradation de l'âme corrompt toute la population esclave, pourrit jusqu'au cœur non-seulement la génération présente, mais encore celles qui sont à venir, corrode la race tout entière jusque dans ses germes de renouvellement, et justifie les oppresseurs à leurs propres yeux en pétrissant de plus en plus les esclaves pour la servitude. Le nègre frappé est atteint dans

---

(1) Qu'on lise à la quatrième page des journaux américains la liste des esclaves mis à l'encan, et l'on sera frappé du nombre considérable de nègres et de négresses affligés de hernies. L'extraordinaire fréquence de ce genre de maladie indique évidemment l'excès du travail.

son âme bien plus que dans son corps; il a honte de lui-même, il n'ose plus lever les yeux sur celui qui l'a battu, sur ceux qui ont entendu ses hurlemens, sur ses enfans, qui assistaient immobiles au supplice. S'il se relève désormais, ce ne sera plus par la dignité ou par un noble orgueil, ce sera par l'insolence et l'impudeur. Se méprisant lui-même, méprisant les autres, il n'aura plus de respect que pour le fouet sous lequel il se courbe; s'il ose haïr son maître, ce sera d'une haine brutale, envieuse et rampante; il n'aura d'autres armes que la ruse et le mensonge, d'autres joies que de grossières voluptés physiques. Le résultat sera presque le même si les nègres sont traités avec douceur; que le maître leur donne abondamment la nourriture quotidienne, qu'il les fasse danser tous les dimanches au son des castagnettes et du tambourin, qu'il leur mesure largement des rations d'eau-de-vie, là s'arrête sa générosité, et l'esclave reste toujours esclave, c'est-à-dire un être inférieur. Bien rares sont ceux qui, se voyant opprimés, regardent leurs maîtres avec un mépris tranquille et se sentent au-dessus d'eux, parce qu'ils n'ont pas commis le crime d'acheter et de vendre leurs semblables. Si les nègres ne sont pas encore arrivés au dernier degré de la bassesse et de l'infamie, s'ils sont encore presque tous, malgré leurs vices, naïfs, aimans, sensibles, c'est que la nature a des ressources infinies, et que les élémens de régénération existent toujours tant que la vie elle-même n'a pas disparu.

L'avilissement le plus complet, la suppression de tout amour-propre, l'anéantissement de l'existence intellectuelle et morale, telle est la suprême ressource, le moyen sûr de trouver dans les hontes de l'esclavage une sorte de volupté bestiale. Les fakirs hindous cherchent à se perdre dans le grand néant divin en tenant leurs regards constamment fixés sur un même point lumineux. C'est au contraire en fermant leurs yeux à la lumière que les nègres arrivent à cet état bienheureux de l'oubli de toutes choses. L'esclavage est le vrai fleuve du Léthé : celui qui en a bu l'eau noire s'oublie lui-même; ses bras travaillent sans être dirigés par une âme; ses membres saignent sous les coups de fouet, mais il ne s'en plaint pas; la nature souriante et libre le convie à ses fêtes, mais il ne voit rien, courbé sur son sillon. Il n'a point d'amour-propre parce qu'il ne s'appartient pas à lui-même, point d'ambition, puisqu'il n'a pas d'avenir, point d'énergie, puisqu'il n'a pas de but, point de volonté, puisqu'un autre veut pour lui. Il n'a aucune des qualités qui distinguent l'homme, puisqu'il n'est pas un homme; il se change en chose. Il ne comprend d'autre société qu'une société de maîtres et d'esclaves, d'autres rapports entre eux que le fouet, et l'esclavage cessât-il soudain, son premier soin serait de se choisir un maître ou de le devenir à son tour. Si la tyrannie disparaissait de la terre, on la retrouverait dans l'âme d'un esclave.

C'est parmi les nègres abrutis, hideux produits de l'esclavage, qu'on rencontre souvent ce type popularisé par les récits américains du noir sale, paresseux et satisfait, que le fouet engraisse, qu'un colifichet amuse, qui s'étale au soleil comme un lézard, se roule dans la poussière comme une bête de somme, méprise sa race et vante son maître à l'égal d'un dieu. Son seul amour-propre consiste dans l'ornement de sa beauté extérieure, l'une des choses pour lesquelles on le prise et on l'achète; sa seule ambition est d'être vendu cher; il s'estime lui-même en dollars et en cents. Quand arrive le jour de la vente, ses yeux brillent, sa poitrine est oppressée; l'attente et la joie l'empêchent de parler. Les enchères qui vont l'enlever à sa famille et à sa patrie fixent enfin sa vraie valeur, et lui permettent de se vanter en proportion. Un jour, dans un marché d'esclaves de la Virginie, un nègre monté sur l'estrade s'offrait lui-même aux acheteurs : « Je suis un bon nègre, je suis charpentier, charron, mécanicien, jardinier, cordonnier; je sais tout faire! J'aime mes maîtres et je leur obéis toujours! Jamais on n'a besoin de me donner un coup de fouet! » Influencés par les vantardes exclamations de l'esclave, les planteurs offrent à l'envi des prix de plus en plus élevés; enfin il est adjugé pour une somme d'argent très considérable. Aussitôt après, un nègre fort, bien bâti, mais nonchalant et peut-être triste, gravit les degrés de l'estrade et promène ses regards vitreux sur la foule des acheteurs. Cet homme d'apparence endormie ne plaît que médiocrement, l'encanteur fait de vains efforts pour le vendre à un prix élevé, et son compagnon triomphant s'écrie : « Ah! mauvais *nigger!* je suis un bon nègre, moi, et tu n'es qu'un fainéant! » Tel est le genre d'amour-propre que les planteurs aiment à voir chez ceux qu'ils appellent de bons sujets. Quelques-uns de ces esclaves modèles épousent complétement les préjugés des blancs contre leur propre race. « Il faut pendre tous les nègres, moi tout le premier, » entendais-je souvent répéter très sérieusement à un vieux noir créole qui avait servi son maître pendant soixante années, et pour ce sacrifice de toute sa vie ne croyait mériter que la corde.

De même que pendant longtemps il a été de mode en France d'envier le sort du pauvre, qui dans son humble cabane vit loin des grandeurs et du tumulte des villes, et voit couler ses jours tranquilles comme l'onde d'un ruisseau, de même les planteurs ont l'habitude d'envisager le sort de leurs esclaves comme vraiment délicieux. Écoutons l'un des principaux orateurs du parti esclavagiste, M. Hammond, ancien gouverneur de la Caroline du sud, aujourd'hui sénateur au congrès :

« Bien que fondé sur la force, l'esclavage peut développer et cultiver les sentimens les plus tendres et les plus aimables du cœur humain. Notre système patriarcal de servitude domestique est bien fait pour réveiller les plus hautes et les plus délicates aspirations de notre nature. Lui aussi a ses enthousiasmes et sa poésie. Les liens qui rattachent le chef le plus aimé et le plus honoré à ses sujets les plus fidèles et les plus obéissans, ces liens qui depuis l'époque d'Homère ont toujours été le sujet des épopées ne sont que des relations froides et sans poésie, comparées à celles qui existent entre le maître et ses esclaves. Ceux-ci ont servi son père, ont agité son berceau, ou bien ils sont nés dans sa maison, et rêvent au bonheur de servir ses enfans; ils sont pendant leur vie les soutiens de sa fortune et les objets de ses soins; ils partagent ses tristesses et attendent de lui leurs consolations; dans leurs maladies, ils lui doivent les remèdes et la guérison: pendant leurs jours de repos, ils sont réjouis par ses dons et par sa présence; jamais la sollicitude du maître ne les abandonne, même lorsqu'il est éloigné d'eux, et quand il revient au milieu des siens, il est toujours accueilli par des cris d'amour. Dans ce monde égoïste, ambitieux, calculateur, il est peu de relations plus cordiales et plus douces que celles du maître et de l'esclave réunis entre eux par un lien d'affection attaché depuis l'origine des temps par l'Éternel lui-même. Puisque le bonheur est l'absence de peines et de soucis, — définition vraie pour la grande majorité des hommes, — je crois que nos esclaves sont les quatre millions d'hommes les plus heureux qu'éclaire le soleil. Satan s'introduit dans leur Éden sous la forme d'un abolitioniste. »

Ainsi le paradis terrestre existe, il existe pour les nègres esclaves, et bien naïfs sont ceux qui le cherchent dans l'antiquité des âges ou dans un futur millénium. Il est certain, — la nature humaine le dit assez, — que des milliers et des milliers d'esclaves sont heureux de leur servitude, et, comme autant de chiens, lècheraient avec joie les pieds de leurs maîtres. Habitués dès leur enfance à considérer comme un dieu le blanc superbe et riche qui leur donne le pain et le vêtement, se méprisant eux-mêmes à cause de leur couleur, de leurs gros traits, de leur pauvreté, de leurs sales habits, ils adorent avec un enthousiasme mêlé d'effroi cet homme qui est le maître de tous, qui distribue à son gré les punitions et les récompenses, habite un palais fastueux, donne à ses amis des fêtes élégantes, et peut, s'il le désire, se dispenser complétement de toute occupation. Placé dans une sphère plus haute et comme en pleine lumière, le maître auquel viennent s'offrir toutes les jouissances de cette terre apparaît comme le distributeur de toutes les grâces, et les nègres naïfs ne cessent d'être plongés, à la pensée de ce souverain, dans un état d'admiration profonde. Et si, par une condescendance rare, le maître daigne témoigner quelque bonté envers le pauvre nègre, s'il laisse tomber un rayon de son regard sur le déshérité, s'il met une certaine douceur dans sa voix, alors l'admiration se change souvent en fanatisme, et l'esclave donne sans arrière-pensée son âme et son corps.

C'est parmi les femmes attachées particulièrement au service de la maison qu'on rencontre le plus d'esclaves absolument dévoués à la personne du maître et aux membres de sa famille. On sait que pendant l'insurrection de Saint-Domingue presque tous les créoles qui purent échapper au massacre durent leur salut à l'affection de quelque vieille négresse. Il en serait de même dans les États-Unis du sud, si jamais une guerre servile devait y éclater. Alors les belles créoles et les superbes planteurs, menacés par le fer et le feu, auraient recours à leurs anciennes esclaves, et celles-ci risque-raient cent fois leur vie pour sauver celle de leurs maîtres. Élevées dans la maison avec les jeunes demoiselles et les jeunes garçons, elles ont grandi en même temps qu'eux, elles ont assisté à leur ma-riage, elles ont pris une part subordonnée à toutes les joies et à toutes les tristesses domestiques, elles sont devenues comme une partie de la famille, dont elles prennent le nom. Ne fût-ce que par vanité, — cette passion si puissante sur les nègres, — elles seraient heureuses de leur esclavage; mais ces pauvres femmes obéissent aussi à de plus nobles mobiles : gardant au fond du cœur, malgré leur servitude, toutes les vertus féminines de tendresse et de bonté, elles se dé-vouent sans arrière-pensée. Elles reportent leurs sentimens d'amour filial sur ces maîtres qui les ont nourries, leurs instincts d'amour maternel sur les enfans qu'elles ont allaités ou soignés dans leur bas âge. Même quand elles ont des enfans de leurs maris esclaves, il est rare qu'elles n'aient pas un amour plus impérieux pour les enfans blancs de la famille du planteur que pour leur noire progé-niture. Dans les momens de danger, leur plus grande sollicitude est toujours excitée en faveur de leur petit maître. Le dévoue-ment de ces négresses est souvent reconnu; par la force même des choses, elles deviennent graduellement indispensables à la fa-mille; parfois elles sont même considérées comme des amies, et dans le cercle intime peuvent s'asseoir à la table de leurs maîtresses. Mais aussi quel large mépris ces Africaines montées en grade dé-versent-elles sur la race maudite condamnée à l'esclavage! Les *nègres de champ* ou travailleurs leur font lever le cœur de dégoût, et bien qu'elles soient noires elles-mêmes, elles se consolent en pensant qu'au fond leur âme est blanche. Les abolitionistes, dont on leur a raconté des histoires terribles, les effraient autant que les loups-garous effrayaient nos trisaïeules, et l'on en cite plusieurs qui, voyageant avec leurs maîtresses dans les états du nord, n'osaient faire un pas hors de leur chambre d'hôtel de peur d'être enlevées par ces brigands farouches qui veulent absolument imposer la liberté aux esclaves. Quelle serait l'insondable tristesse de la pauvre négresse, si on lui donnait l'indépendance, si on l'enlevait au foyer qui l'a vue naître, si on l'éloignait de cette famille qui la possédait et à laquelle elle avait donné son âme! Comme l'animal domestique, elle s'est attachée aux murailles elles-mêmes, aux arbres du jardin, aux barrières qui entourent la maison et la séparent du camp des nègres. Si on la libérait de force, elle mourrait peut-être de désespoir après avoir rôdé longtemps autour des murs chéris qui l'ont enfermée. Elle mourrait en maudissant ses frères les nègres, et son dernier souffle d'amour s'envolerait vers ses maîtres adorés; son vœu le plus cher serait de revivre esclave comme elle a vécu.

Ces grands dévouemens, dont il s'offre plus d'un exemple parmi les négresses créoles blanchies au service d'une famille de génération en génération, sont bien rares parmi les négresses et surtout parmi les nègres employés aux champs; cependant, même pour la plupart de ceux-ci, l'amour servile se mélange de la manière la plus étrange à la haine. Ils haïssent leur maître parce que sans son ordre ils ne seraient pas obligés de travailler, et cependant ils l'aiment parce qu'il est riche et puissant, parce que leur gloriole enfantine est flattée de voir ses beaux chevaux et ses équipages, parce qu'ils ne peuvent s'empêcher d'éprouver un vague mouvement de sympathie pour celui qui leur distribue le maïs, la viande et le *brandy*. Un planteur, parlant de ce mélange de haine et d'amour que ses esclaves éprouvaient pour lui, me disait : « Vous voyez ces noirs, ils me détestent tous; si je tombais à l'eau, les deux tiers d'entre eux s'y jetteraient après moi pour me sauver! » Il faut bien se garder ainsi de prendre au sérieux les acclamations et les hourrahs sans fin que les esclaves poussent en l'honneur de leurs maîtres les jours de fête, lorsque des flots d'eau-de-vie ont coulé. Les nègres sont comme les enfans, tout entiers à l'impression du moment : aujourd'hui ivres d'enthousiasme pour leurs maîtres, demain fous de rage contre ces mêmes blancs qu'ils aimaient tant la veille. On a vu récemment par l'insurrection des cipayes (1) ce que sont les peuples enfans; il a fallu peu de chose, une simple fièvre, dirait-on, pour transformer en tigres altérés de sang des hommes bons et doux qui d'ordinaire n'osent pas même attenter à la vie de l'animal.

Cependant on donne comme un argument en faveur de l'esclavage cet amour servile qui est en réalité l'un des griefs les plus forts que l'on puisse élever contre ce déplorable système. Il est vrai, souvent les nègres américains préfèrent la servitude à l'affran-

<hr>

(1) Voyez les travaux de M. Forgues sur l'insurrection des cipayes et la guerre de l'Inde. — *Revue* du 15 juin, 1er juillet, 1er et 15 décembre 1858, 1er mai 1859, 15 avril, 15 mai 1860.

chissement; mais cela prouve simplement que la prétendue liberté
des affranchis est une chose terrible en Amérique, puisque les nègres demandent un refuge contre elle dans un éternel esclavage.
Un sénateur américain annonçait un jour à ses dix esclaves qu'il
allait leur donner la liberté. Épouvante soudaine parmi ces malheureux, larmes, supplications, désespoir! « Que pourrons-nous faire
désormais? Nous allons abandonner cette maison où nous avons du
maïs, de la viande et des fruits, et nous allons être jetés sans ressources dans le monde, surveillés par les yeux jaloux des blancs,
traqués dans tous les métiers que nous voudrons exercer, empri-
sonnés à la moindre infraction, en butte au mépris des passans.
O maître, sauvez-nous de la liberté. Nous voulons être esclaves! »
Le planteur trop charitable eut grand'peine à libérer ses dix nègres,
et probablement ceux-ci, pourchassés par les blancs, leurs nouveaux concitoyens, lui en gardèrent une impérissable rancune. En
effet, la liberté ne consiste pas dans le privilége de travailler ou de
mourir de faim chez soi, sans avoir à craindre le bâton d'un commandeur; pour être libre, il faut oser regarder en face tout homme
qui passe, pouvoir sans crainte rendre au blanc amour pour amour
ou bien mépris pour mépris, haine pour haine. Et puis les lâches
dépravés par une longue vie de servitude trouvent l'esclavage si
commode! Ils ont leur destinée toute faite et n'ont pas à lutter dans
le grand combat de la vie. Celui qui a le bonheur d'appartenir à
autrui n'a pas besoin de s'occuper de sa vie de chaque jour, on lui
donne du maïs et du poisson. Les peines de l'amour doivent peu le
chagriner, on lui fait présent d'une femme. Il n'a point les soucis de
la paternité, un maître se charge d'acheter ses enfans et de les nourrir. La pensée n'obsède pas son cerveau, on lui commande, et il n'a
qu'à obéir sans réflexion; il est gras et content, et méprise l'homme
libre que la misère amaigrit. Ainsi chagrin, soucis, pensées, volon-
tés, tout peut sommeiller chez lui. Pourvu que ses bras travaillent,
tout son être moral ou intelligent peut reposer dans la plus complète inaction: un dieu veille sur lui. Des esclaves libérés sont revenus des colonies d'Afrique pour mendier de leurs anciens maîtres
la faveur d'un nouvel esclavage. Les fièvres, les insectes, les difficultés d'un premier établissement les avaient rebutés: comme des
chiens fidèles, ils venaient reprendre le doux collier qu'ils avaient
porté pendant leur enfance; ils aimaient leurs chaines, ils adoraient
leurs menottes. Et c'est là cet ignoble bonheur, semblable à la volupté de l'animal qui se traîne dans le fumier, qu'on ose invoquer en
faveur de l'esclavage! Mieux valent cent fois les nègres dont le sang
bouillonne de rage, au moins ceux-là ont-ils conservé l'amour de la
liberté; ils sont vaincus, mais non pas avilis.

La population de couleur des États-Unis augmente dans une proportion plus forte que la population blanche, déjà si rapidement progressive (1). Si les nègres d'Amérique étaient libres, cet énorme surplus des naissances sur les morts prouverait sans doute qu'ils jouissent d'un certain bien-être, mais ils ne doivent être considérés que comme autant de chevaux ou de têtes de bétail, et le nombre de *bras* qui se trouvent dans toutes les plantations des états du sud témoigne seulement de la richesse des maîtres. Les nègres multiplient rapidement, parce que les planteurs s'intéressent à la production de cette partie de leur fortune; des croisemens heureux, une nourriture appropriée, l'esclavage abrutissant, valent mieux que la liberté et les durs combats de la vie pour faire pulluler de nombreux enfans. Chaque bon nègre valant de 7,000 à 15,000 fr., comment le maître soigneux de ses intérêts ne donnerait-il pas toute son attention à l'élève des esclaves? Dans la Virginie, ce grand haras de l'Amérique, d'où l'on exporte chaque année de dix mille à vingt-cinq mille travailleurs vers les marchés du sud, les planteurs exemptent les négresses enceintes ou nourrices de presque tout travail, afin d'assurer la progéniture d'esclaves contre les chances d'accident. Autrefois on n'agissait pas ainsi : dans toutes les colonies d'Amérique, les planteurs trouvaient moins coûteux d'acheter la *pacotille* des négriers que d'élever les négrillons jusqu'à l'âge du travail; aussi la mortalité était formidable, et pendant les trente premières années du siècle, la population nègre a pour cette raison considérablement diminué dans les Indes occidentales. A Cuba, où les esclaves sont en général traités avec une certaine humanité, leur nombre déclina de quatre ou cinq mille de l'année 1804 à l'année 1817. Maintenant encore l'activité de la traite permet aux planteurs cubanais de négliger l'élève des nègres, parce que les importations d'Africains dans la force de l'âge comblent sans cesse les vides; les négriers ne capturent que des hommes, ils laissent les femmes dans leur patrie comme des êtres de rebut. « Avant l'annexion de la Louisiane aux États-Unis, lisons-nous dans un discours du célèbre Clay, prononcé en 1830, cet état importait d'Afrique une multitude d'esclaves. Le prix d'un bon nègre de travail était inférieur de 100 dollars environ au total des déboursés nécessaires pour élever un négrillon. Alors on croyait que le climat de ce pays était tout à fait défavorable à la santé des enfans nègres, et un bien petit

(1) En 1850, la population de couleur des états du sud s'élevait à 3,591,000 personnes, dont 3,204,000 esclaves; en 1860, on compte approximativement 4,190,000 gens de couleur, c'est-à-dire que leur nombre a augmenté d'environ 900,000 en dix ans. Ils seront près de 42 millions dans un siècle, en admettant que leur accroissement continue à être aussi rapide qu'il l'est aujourd'hui.

nombre d'entre eux arrivaient à l'âge mûr. Lorsque le gouvernement des États-Unis eut aboli la traite, le prix des nègres adultes augmenta considérablement, on donna plus de soins à l'élève des nègres, et maintenant nulle part l'Africaine n'a plus d'enfans qu'en Louisiane, nulle part le climat n'est plus favorable à la santé de sa progéniture. » On pourrait observer facilement une hausse et une baisse de mortalité parmi les négrillons, alternant en raison inverse de leur valeur marchande. Une dépréciation générale des esclaves en tuerait un bien plus grand nombre que la plus effroyable des épidémies : c'est dans les *prix courans* qu'il faut chercher la raison des oscillations de la mortalité chez les enfans nègres.

Ainsi on ne peut arguer de l'augmentation rapide de la population noire pour prouver que le sort des esclaves est enviable. On ne pourrait davantage invoquer en faveur de cette assertion l'existence d'un grand nombre d'Africains centenaires, la rareté des attaques de folie et des suicides parmi les nègres des plantations. L'homme asservi n'est pas un homme; s'il accepte avec calme son avilissement, il n'a plus de passions, mais à peine des appétits, des besoins grossiers, grossièrement satisfaits. L'âme ne travaille pas chez lui, le corps seul fonctionne, et, n'étant pas usé par l'âme, cette infatigable ouvrière, il peut fonctionner longtemps, et sans qu'un seul rouage se disloque. On compte aux États-Unis cinq ou six fois plus de centenaires noirs que de centenaires blancs. En exceptant ces cas nombreux de *géophagie* qui proviennent plutôt d'une dépravation du goût que du désir d'en finir avec l'existence, je n'ai jamais entendu parler que d'un seul suicide bien constaté parmi les nègres des états du sud. Un esclave avait reconquis sa liberté, et pendant deux années il avait erré dans les savanes et les cyprières, aspirant le grand air de l'indépendance. Enfin, traqué dans un bois, il fut fait prisonnier et ramené à son maître. Impassible, il reçut les flagellations sans pousser un cri, endura tous les mauvais traitemens sans se plaindre, présenta lui-même son cou au collier de force, mais il refusa stoïquement de travailler. Mené au champ de cannes avec ses compagnons de servitude, il regarda longtemps d'un œil plein de mépris la chiourme des nègres, puis, sautant dans un fossé la tête la première, il se brisa la colonne vertébrale. L'histoire de la Louisiane rapporte aussi un cas de mutilation volontaire bien plus beau d'héroïsme que l'action de Mucius Scévola : en 1753, dans une paroisse riveraine du Mississipi, on avait chargé un nègre du service de bourreau; pour ne pas tuer son semblable, il se fit sauter la main droite d'un coup de hache.

La famille est le fondement de toute société. Sans famille, pas d'existence sociale, mais seulement des êtres réunis par le hasard.

Or on ne peut dire que le nègre ait une famille, puisque père, mère, enfans, peuvent être vendus au gré du maître et dispersés aux quatre vents cardinaux sur diverses plantations. De même que l'intelligence, le courage et la fidélité du nègre ne représentent pour le maître qu'une valeur pécuniaire, de même aussi la tendresse du noir pour ses enfans ou de la négresse pour son époux n'a d'importance aux yeux du planteur que s'il y voit une occasion d'en tirer un bénéfice quelconque. Souvent nègres et négresses sont accouplés par le propriétaire lui-même, et, de peur du fouet, accèdent à l'union qui leur est commandée. Quand le jeune esclave est libre de prendre une femme selon ses goûts, il va presque invariablement, par un vague désir de changement et de liberté, la choisir dans une plantation voisine. Il ne peut la voir que les jours de fête, ou bien pendant les rares momens de répit que lui offre son travail journalier; encore faut-il qu'il soit muni de l'inévitable passe-port, car, sans cette feuille de papier, tout amour lui est interdit au-delà des bornes de la plantation. Si l'un des deux propriétaires voisins vient à changer de résidence, à vendre une partie de ses nègres pour payer ses dettes, ou bien à léguer par testament sa fortune à un parent éloigné, le mariage furtif conclu sur la borne des deux propriétés est tout à coup rompu, l'amant est vendu à un marchand d'esclaves, ou, s'il reste, il a la douleur de voir sa femme et ses enfans monter dans la charrette fatale qui les emporte vers un marché lointain. Le sort des familles abritées sous un même toit dans chaque plantation n'est pas toujours plus heureux. Le propriétaire peut distribuer les femmes et les maris à sa guise; il peut vendre la négresse stérile ou hors d'âge, se défaire des négrillons qui lui sont à charge, des vieillards que la force abandonne. Aucune loi n'empêche le maître de briser ainsi les familles et d'en distribuer les membres au hasard; il est vrai qu'une ancienne loi lui interdit de séparer un enfant de sa mère avant l'âge de dix ans, sous peine de six mois à un an de prison et de 1,000 à 2,000 dollars d'amende; mais cette loi est constamment éludée, et j'ai vu frapper un enfant de sept ans qui se lamentait de ne plus voir sa mère. Le planteur règle même comme il l'entend les relations de l'époux et de l'épouse. Il en est parmi eux qui, pour mettre un terme aux déportemens des négresses de leur camp, ont pris l'habitude de les mettre aux ceps pendant toute la durée de la nuit. Devenues plus sages par l'impossibilité de marcher, elles donnent au maître un plus grand nombre de négrillons. C'est là une des pratiques légitimes de l'esclavage, cette institution qui, si nous en croyons les orateurs esclavagistes, « moralise le nègre, et l'élève dans l'échelle des êtres! » Aussi les parens nègres qui sont restés bons malgré l'influence délétère du milieu dans lequel ils vivent désirent avec ardeur la mort de leurs enfans, afin de les voir échapper aux terreurs qui les attendent. « Êtes-vous marié? demandait-on à un nègre émancipé que des héritiers avides avaient réussi à faire condamner à une nouvelle servitude. — Non, répondit le nègre avec un triste sourire, ma femme a été délivrée par la mort. — Avez-vous des enfans? — Non, Dieu merci, ils ont eu également le bonheur de mourir! » Et cependant ce qui s'est passé à la Martinique et à la Guadeloupe depuis l'émancipation des esclaves (1) prouve que les nègres libres sont aussi bien que les blancs nés pour la vie de famille, et savent en apprécier les joies.

L'exemple que les blancs des états du sud donnent eux-mêmes à leurs noirs ne doit guère inspirer à ceux-ci le respect de la famille et de la paternité. Les mulâtres, qui forment environ la septième partie de la population de couleur, doivent presque tous leur origine aux amours des planteurs et de leurs belles esclaves; cependant leurs pères et maîtres ne leur ont point accordé la liberté. D'habitude on accuse les immigrans étrangers d'être en partie responsables de l'augmentation graduelle de la population mulâtre; mais les immigrans choisissent pour séjour les grandes villes commerciales ou les districts agricoles de l'ouest, tandis que les nègres habitent les campagnes des états du sud. Ce sont donc les planteurs eux-mêmes auxquels il faut faire remonter la responsabilité de la création de la race mélangée, et pourtant moins des deux cinquièmes des mulâtres sont affranchis. Ces chiffres indiquent dans quelle proportion le sentiment de la paternité influait sur l'émancipation des esclaves, lorsque cette émancipation était encore possible. Presque tous les affranchissemens ont eu pour cause l'amour du maître pour son Agar ou son Ismaël; cependant, on le voit, sur cinq mulâtres, il en est encore trois d'esclaves; sur cinq pères, il en est encore trois de barbares, trois qui laissent leurs enfans croupir dans la servitude, les font monter sur la table de l'encanteur, et vendent ainsi leur propre chair à tant la livre. Une fille de Jefferson lui-même fut vendue aux enchères.

III.

Nous savons combien il est difficile aux planteurs de se débarrasser de toute idée préconçue et d'envisager de sang-froid la question de l'esclavage. Ils subissent nécessairement l'influence de ce terrible milieu dans lequel ils sont nés, et qui ne cesse de les envelopper un

(1) Voyez la *Revue* du 1ᵉʳ septembre 1860.

instant. Dès sa plus tendre enfance, le créole reçoit un être vivant en guise de poupée; il possède un petit négrillon qu'il a le droit de frapper, et qui présente la joue avec épouvante. A mesure qu'il grandit, son esclave grandit avec lui, semblable à une ombre fidèle; à chaque instant, sa dignité de maître lui est rappelée par la présence du souffre-douleurs, et sans danger il peut donner un libre cours à chacune de ses colères; il apprend *in animâ vili* le mépris et la haine. Autour de lui s'agite une foule de domestiques noirs, aussi abrutis que celui qu'il flagelle, et d'instinct il comprend qu'il faut se méfier de ces hommes asservis, au regard bas, à la bouche remplie de mensonges. Dans le lointain, près des cases, il voit d'autres nègres se diriger vers les champs, courbés sous le poids de leurs instrumens de travail, et suivis par le commandeur armé de son fouet; le soir, la brise lui apporte souvent les hurlemens des nègres ou des négresses dont le dos nu saigne sous les coups de nerf de bœuf. Dans son esprit, la comparaison ne s'établit même pas entre sa propre personne et les êtres tremblans auxquels leur couleur noire et leurs vêtemens sordides donnent quelque chose de diabolique. Puis il apprend que sa fortune tout entière repose sur les épaules de ces noirs, et que sans leur travail il serait réduit à la mendicité. Alors l'ambition et l'amour du gain élèvent encore une nouvelle barrière entre lui et le nègre; chacun des esclaves n'a plus pour lui d'autre valeur que celle d'une pile d'écus. C'est ainsi que graduellement le planteur apprend à ne plus considérer comme des hommes les Africains qu'il possède.

Un jour, je caressais la tête blonde d'un charmant petit créole qui n'était que rire et tendresse, et je lui demandais, comme on le fait d'ordinaire aux enfans, s'il désirait grandir. — Oh! oui, me dit-il. — Et pourquoi? — *Pour bat' négresse.* — L'enfant qui exprimait ce vœu cruel était d'une extrême douceur; mais tout ce dont il était témoin lui prouvait que le privilége des grandes personnes est de battre et de fustiger. Le cœur des enfans, tout en restant bon pour ceux qu'ils savent devoir aimer, devient d'une férocité sans nom envers ceux que, par l'exemple et l'ordre des parens eux-mêmes, ils se croient tenus de mépriser. A la fin, ils ne sentent plus: toute possibilité de sympathie pour ces êtres inférieurs, abrutis par la servitude, disparaît complètement; ils ne peuvent plus même comprendre les paroles prononcées par un homme de cœur sur l'état des esclaves. Presque tous les livres d'enseignement élémentaire mis entre les mains des petits créoles ont été imprimés dans les états de la Nouvelle-Angleterre, et sont en conséquence entachés d'abolitionisme; mais les doctrines de liberté n'ont aucune influence sur ces jeunes âmes, et les enfans des planteurs apprennent avec un imperturbable aplomb la belle élégie du poète Whittier : *Gone, gone, sold and gone*, racontant les adieux d'une négresse de Virginie à sa fille, vendue à un traitant du sud. Ils apprécient la beauté des vers, ils les récitent avec sentiment, mais ils ne comprennent pas que cette poésie touchante raconte les souffrances de leurs propres nègres. Les dames créoles ont autant pleuré que les jeunes filles anglaises sur les souffrances de l'oncle Tom. Lors de la publication du livre de Mme Beecher Stowe, il y eut dans certaines familles de planteurs une explosion de sensibilité sans doute plus vraie que dans les salons de la duchesse de Sutherland ; mais ce tribut de larmes fut payé aux malheurs imaginaires d'un être imaginaire : on n'eut point l'idée de faire aucune application de ce qu'on avait lu aux êtres dégradés qu'on s'était habitué à mépriser, et les souffrances réelles des vrais nègres continuèrent à passer inaperçues. C'est ainsi que le bien et le mal se mêlent d'une manière étrange dans l'âme humaine. Ce sont les hommes de cœur et d'intelligence qu'on rencontre parmi les propriétaires d'esclaves qui, sans le savoir, corrompent le plus la morale publique. On se demande, en prononçant leur nom vénéré, en serrant leur main loyale, si la cause qu'ils défendent est vraiment injuste, si l'esclavage, auquel ils prêtent l'autorité de leur voix, est vraiment une infamie. En les écoutant, on n'ose plus distinguer entre le crime et la vertu. Ce ne sont pas les Legree, mais bien les Saint-Clare qui assurent la durée de l'asservissement d'une race par une autre race.

Chose fatale : dès qu'un homme, même bon, s'arroge le droit de posséder son semblable, il contracte malgré lui tous les vices d'un tyran, et, fût-il parfait envers ses égaux, il ne peut éviter d'être criminel envers ceux qu'il domine. Sans avoir besoin de réduire le mal en théorie, sans avoir même conscience de ses actes, il emploie tous les moyens qui peuvent abrutir son esclave. Ses yeux sont obscurcis : il ne voit plus de la même manière que les autres mortels ; tous les objets lui apparaissent, comme à travers un prisme inégal, déjetés, renversés, irisés de couleurs tremblotantes. Son intérêt lui voile les plus simples vérités ; il se croit tout permis pour défendre son prétendu bon droit, et le crime même lui semble une de ses inaliénables prérogatives. Surtout quand il a hérité de ses pères le pouvoir absolu sur des esclaves, il est lui-même asservi aux préjugés de cette autorité corruptrice qu'on lui a léguée par héritage : ses opinions et ses actes lui sont comme imposés par la position dans laquelle il se trouve ; il est à peine un être moral et responsable dans ses rapports envers les noirs qui lui appartiennent. Aussi malheureux que ses esclaves, il cesse, comme eux, d'avoir la conscience pour mobile de ses actions. Ce serait donc une injustice réelle d'accuser personnellement les planteurs de tout le mal qu'ils aident à commettre; c'est le système de l'esclavage qu'il faut incriminer. Dès qu'un homme cesse de comprendre la valeur morale de ses actes, il n'a plus qu'une responsabilité d'un ordre inférieur; or la plupart des planteurs en sont arrivés à ne plus éprouver le moindre remords lorsqu'ils s'occupent d'abrutir l'esclave et de le transformer en simple moteur mécanique. Eux-mêmes agissent comme des machines mues par un levier qui n'a pas son point d'appui dans leur for intérieur.

Les moyens que procure l'art perfide de diviser pour régner sont ceux que les maîtres emploient de préférence pour réduire complétement leurs nègres. Semblables aux chasseurs des savanes qui, pour empêcher les progrès des flammes, lancent un incendie contre un autre incendie, les planteurs du sud entretiennent la discorde entre les esclaves, afin de se rassurer sur la possibilité d'une insurrection. Ils utilisent surtout la haine qui divise les nègres américains et les nègres créoles. Ceux-ci, originaires de l'état où ils servent comme esclaves, sont en général tranquilles, attachés à la glèbe, fiers de la gloire de leurs maîtres, superstitieux; leur âme est pétrie à souhait pour la servitude : aussi est-ce surtout parmi eux que se recrutent les valets de chambre et les confidens. Les nègres connus sous le nom de nègres américains sont ceux que les planteurs du sud ont achetés sur les marchés du Kentucky, de la Virginie, du Maryland. Ils sont en général plus grands, plus forts, plus intelligens et relativement plus instruits que les nègres créoles. Leur séjour dans les villes industrielles ou commerçantes des états du centre, leur contact forcé avec le grand nombre de *Yankees* sagaces qui parcourent la Virginie et les états limitrophes, les prédications des missionnaires itinérans, le voyage que, sous la conduite de leur acheteur, ils ont fait à travers une grande partie de l'Amérique, peut-être aussi le climat généreux et vivifiant du nord, ont développé leur perspicacité naturelle, et quand ils arrivent sur les marchés du midi, ils montrent fort bien par leurs dédains qu'ils ont conscience de leur supériorité sur les nègres du pays. A la grande joie des planteurs, les occasions de disputes ne manquent pas entre ces deux classes de nègres, différentes même par l'apparence extérieure et la nuance de la peau. Les maîtres ont soin d'entretenir également des dissensions entre les nègres de champ et les domestiques de maison, entre les sambos et les noirs, les mulâtres et les sambos; ils introduisent une certaine hiérarchie au sein même de l'esclavage. Les opprimés n'ont pas encore su se réconcilier contre l'ennemi commun : le mulâtre, fier de sa peau jaune, se laisse aller à dédaigner les griffes et les noirs; le quarteron dédaigne le mulâtre.

C'est ainsi que le mépris tombé du regard du maître rejaillit d'esclave en esclave. Quant au nègre prétendu libre, il est à la fois méprisé par les blancs, haï par les esclaves (1); mais il rend la haine à celui qui le méprise, le mépris à celui qui le hait, et se console de son isolement par le privilége de ne rien faire, car dans les états du sud le travail est le signe de l'esclavage. Le planteur voit sa sécurité dans les antipathies de tous ceux qui, réunis contre lui, pourraient se libérer sans peine : les instincts et les pratiques de la domination sont les mêmes dans tous les pays du monde, et n'ont jamais changé depuis que le premier conquérant a réduit d'autres hommes en servitude.

Cependant les mesures féroces prises récemment contre les nègres libres sous le coup d'une folle panique sont en contradiction formelle avec la savante devise des oppresseurs intelligens. Jusqu'à nos jours, l'affranchi, fier de sa liberté, de sa supériorité intellectuelle sur l'esclave, de son droit de propriété, se laissait entraîner à la haine ou au mépris pour ses frères moins heureux que lui; plusieurs même n'avaient pas reculé devant le crime d'acheter des noirs et d'entrer par la porte bâtarde dans la caste des planteurs. De leur côté, les esclaves n'éprouvaient qu'une basse envie pour les nègres libres, et se réjouissaient de toutes les avanies que les blancs leur faisaient souffrir. Par leur sauvage violence, les planteurs viennent de réconcilier ces fractions ennemies de la race opprimée : esclaves et ci-devant affranchis gîtent dans les mêmes cases, travaillent dans le même sillon, et sans aucun doute jurent la même haine aux maîtres qui les oppriment. Tous ces nègres qui ont connu l'aisance, une liberté relative, les joies de la famille et celles de l'instruction, renonceront-ils comme des agneaux à tout ce qui rend la vie supportable en ce monde, ou bien rouleront-ils dans leur esprit des pensées de vengeance? Les plantations où on les distribue ne deviendront-elles pas bientôt des foyers d'insurrection?

Avant même que les événemens récens n'eussent rendu nécessaire la plus extrême vigilance, le maître faisait surveiller avec anxiété les quelques instans qui séparent les heures du travail de celles du repos, car le nègre, naturellement intelligent, pourrait les mettre à profit en songeant à l'indépendance; il pourrait se demander si un esprit n'est pas emprisonné sous ses muscles d'athlète, si un cœur, semblable à celui du blanc, ne bat pas dans sa forte poitrine. Pour le préserver de ces pensées fatales, on le condamne à l'ignorance la plus complète, on lui défend d'apprendre à lire sous les peines les plus sévères, on

______

(1) *Worse than a free negro* (pire qu'un nègre libre) : c'est une insulte qu'aiment à se prodiguer les noirs des plantations.

le parque comme un animal dans son camp; on ne lui permet point de sortir de la plantation sans passe-port, de travailler dans sa cabane sans autorisation; il faut qu'entre lui-même et chacun de ses désirs il sente s'interposer la volonté toujours présente du maître. Surveillé sans cesse par l'économe, le commandeur, les domestiques de la maison, ses propres camarades, il faut qu'il en arrive à se surveiller lui-même, à faire la police de ses propres actions. Il est soupçonné, haï, maltraité, tant qu'il lui reste un peu de cœur, mais il rentre en grâce dès qu'il s'est complétement avili; sa première délation est écoutée avec bienveillance, ses flatteries reçoivent un accueil favorable, ses vices sont regardés avec mépris, mais d'un œil complaisant : il a perdu la conscience de ses droits, et n'ose, pas plus que le reste de la chiourme, songer à la révolte et à la liberté. Lorsque, par son intelligence, son audace ou sa force morale, un esclave sait acquérir une certaine influence sur ses compagnons de chaîne et devient le chef incontesté du camp, il est considéré comme un ennemi public par les blancs, et peut se préparer à toutes les amertumes. Tel planteur habile tâche de s'attacher le nègre intelligent qui le gêne, et le nomme *commandeur* afin de lui faire trahir ses frères; tel autre cherche à le dompter et l'humilie constamment devant tous les noirs du camp, afin d'anéantir son influence; tel autre encore lui suscite un rival, et protége l'histrion contre celui qui a su conquérir sur ses frères une autorité légitime. Enfin les planteurs peu diplomates se défont au plus vite du nègre dangereux et le vendent à un propriétaire éloigné.

La religion, habilement exploitée, est un trop puissant moyen de tyrannie pour que les maîtres aient négligé de s'en servir. « L'instruction religieuse, lisons-nous dans une circulaire d'une société d'évangélisation, rend les nègres doux et tranquilles et favorise les *intérêts pécuniaires* des maîtres. » Les esclaves pieux et bons chrétiens inspirent plus de confiance aux acheteurs que les autres : aussi ne manque-t-on pas, dans l'inventaire des propriétés à vendre, de signaler cette qualité de certains esclaves. Ceux auxquels l'instruction religieuse a fait aimer la servitude ne songent jamais à se libérer; ils se contentent de prier pour leurs maîtres : aussi évalue-t-on parfois leur piété à une somme de plusieurs centaines de dollars; leur titre de fidèles chrétiens les fait rechercher par tous les marchands d'âmes humaines. En effet ces nègres pieux, endoctrinés par les ministres de l'Évangile intéressés au maintien de l'esclavage, ne cessent de prêcher à leurs frères en servitude que leur sort est doux et enviable, que leur nourriture de chaque jour est un bienfait divin duquel ils ne sauraient être trop reconnaissans envers le généreux planteur, que la félicité éternelle est réservée aux esclaves exempts de rancune. Les pasteurs blancs qui les raffermissent dans la foi chrétienne exposent la même doctrine avec plus d'autorité. Ils recommandent aux nègres d'obéir sans murmurer, de recevoir les coups de fouet sans éprouver le moindre sentiment de vengeance, de bénir ceux qui les frappent, de révérer leurs maîtres comme des représentans du père universel. C'est à cette œuvre de lâcheté et de corruption que s'emploient sans cesse des milliers de prédicateurs de la bonne nouvelle : loin d'employer leur éloquence à faire des hommes, ils rendent l'esclave encore plus esclave, le lâche encore plus lâche, et dans l'âme du nègre rebelle ajoutent la peur de l'enfer à la peur du fouet. Ainsi gagnent leur salaire des ministres de Dieu en vendant les âmes qui leur sont confiées.

On peut dire qu'avant la dernière élection présidentielle, l'église en corps, même celle des états libres, donnait l'appui de sa parole et de son influence à l'esclavage, et réprouvait avec ensemble les utopistes qui affirment l'égalité de droits pour les noirs et pour les blancs. En 1850, les églises réunies des états du nord et des états du sud comptaient de vingt-trois à vingt-quatre mille ministres de l'Évangile pour lesquels l'esclavage était la pierre angulaire de la société. Les pasteurs qui avaient fondé des églises séparées, afin de ne pas justifier par leur adhésion le crime de la possession de l'homme par l'homme, étaient au nombre de trois mille cinq cents seulement, six ou sept fois moins que leurs adversaires esclavagistes. Autrefois l'église presbytérienne d'Amérique avait inséré dans sa confession de foi un article qui condamnait formellement la vente et l'achat des noirs; mais, grâce à la corruption de l'exemple et à l'action démoralisante exercée par l'intérêt privé, cet article a été rayé de la confession de foi, et maintenant tout presbytérien peut trafiquer d'hommes et de femmes avec la même liberté de conscience que s'il vendait ou achetait des troupeaux de bêtes. De même les anciens méthodistes, suivant la voie que leur avait frayée Wesley le célèbre fondateur de leur église, proclamaient hautement que l'esclavage était « l'ensemble de tous les crimes. » De concessions en concessions, la majorité des fidèles en est arrivée jusqu'à permettre aux évêques de se faire éleveurs d'esclaves pour les marchés du sud. A cette occasion, un schisme s'opéra, et l'église méthodiste se partagea en deux fractions, celle du sud et celle du nord; mais en dépit de cette rupture avec leurs coreligionnaires du sud, les méthodistes du nord n'en comptent pas moins parmi leurs membres zélés quinze mille propriétaires possédant plus de cent mille esclaves, dans le Delaware, le Maryland, la Virginie, le Kentucky, le Missouri et l'Arkansas. Les épiscopaux, moins nombreux, n'avaient en 1850 que quatre-vingt-huit mille esclaves. Les baptistes en possédaient deux cent vingt-six mille, et, pour leur plaire, un éloquent orateur anglais de leur confession, M. Spurgeon, n'a-t-il pas retranché de ses sermons toutes les phrases suspectes de tendances abolitionistes? Des sociétés religieuses qui ont leur siége dans les grandes villes du nord, telles que la Société américaine des traités évangéliques et le Comité américain des missions étrangères, répandent des brochures et des opuscules pour établir, au nom de Jésus-Christ, la légitimité de l'esclavage. De son côté, la Société biblique se refuse à distribuer des bibles aux noirs. Les humbles frères moraves eux-mêmes, qui en Europe ont cherché à réaliser l'idéal d'une république fraternelle, font travailler des nègres esclaves et leur prêchent l'abdication de la volonté (1). A l'exception des quakers, seuls protestans auxquels la grande association évangélique refuse le titre de frères, il n'est pas une communion chrétienne qui ne se soit rendue coupable de la même iniquité contre la race nègre. J'ai vu un prêtre catholique qui, après avoir recueilli sou à sou pendant quinze ans les économies qu'une vieille négresse lui apportait afin d'obtenir son rachat, employa cette somme, lentement amassée, à l'acquisition de la pauvre femme pour son propre compte. Ainsi la plus touchante unanimité règne dans toutes les sectes, deux mille ans après la venue de leur Christ, lorsqu'il s'agit de renouveler la malédiction qui pèse encore sur Cham. Les pasteurs de toutes les confessions s'accordent pour trouver bon l'esclavage de leurs frères. Et puis on peut vendre des nègres pour bâtir des églises, pour envoyer des missionnaires aux peuples non chrétiens; on peut consacrer à des objets charitables l'argent gagné à la sueur du front des esclaves, on peut faire le bien avec le produit du crime! On cite des ministres de l'Évangile qui se targuent d'une haute moralité, et ne craignent pas de louer leurs négresses à des propriétaires de maisons de débauche; d'autres, au sortir du prêche, chaussent les bottes et l'éperon, sifflent leurs bouledogues, et, suivis de leurs amis, pourchassent un nègre fugitif à travers les forêts et les marécages (2). Ce sont là les conséquences logiques de l'approbation donnée par les sectes chrétiennes au trafic des âmes humaines. A une époque où le christianisme subit de si nombreux assauts de la part de la science, les ministres de cette religion se rendent coupables d'un acte au moins impolitique en patronant ainsi l'abomination de l'esclavage, réprouvée par la conscience universelle.

Dans les états du centre, déjà relativement populeux et civilisés,

(1) *Anti-Slavery-Reporter.*
(2) *Maryland Slavery and Maryland Chivalry*, page 56.

les nègres des plantations, appartenant en majorité aux sectes méthodiste et baptiste, assistent régulièrement aux services religieux
du dimanche. En outre ils se réunissent parfois en assemblées particulières avec la permission de leurs maîtres, mais loin de leur œil
gênant, et passent des heures à chanter des cantiques, à réciter des
prières, à écouter les prédicateurs blancs, qui ne manquent jamais
de leur répéter et de leur commenter sur tous les tons le précepte
de la Bible : « Obéissez à vos maîtres en toutes choses! » Les districts comparativement déserts sont visités par des missionnaires
itinérans qui, d'après l'expression consacrée, viennent *réveiller* les
nègres des plantations éparses. Leur arrivée, annoncée longtemps à
l'avance, répand la joie dans les camps des plantations. Aussitôt les
esclaves, heureux du repos qui leur est promis pendant deux ou trois
jours et des joies tumultueuses auxquelles ils vont se livrer, se dirigent vers quelque clairière des forêts où ils construisent à la hâte
des baraques en planches ou en branchages. La première journée
est tout entière consacrée aux préparatifs de la fête; puis la nuit se
passe, employée par les uns en chants et en prières, par les autres
en divertissemens, en libations ou en débauches. Quand l'aurore se
lève, déjà tous les nègres, ces êtres si merveilleusement sensibles
aux impressions extérieures, sont enivrés de leur liberté d'un jour,
un démon les a saisis, et, pleins d'une joie délirante, ils chantent,
ils hurlent, ils bondissent çà et là comme des chevreuils. Bientôt le
prédicateur monte sur les troncs d'arbres mal équarris qui lui servent de chaire, il jette quelques paroles à la foule en désordre, et
voilà que tous, comme sous l'influence d'un charme, interrompent
leurs danses et leurs cris, et viennent se rassembler en une masse
compacte autour du ministre. En un instant le silence le plus complet
règne sur cette mer d'hommes, et les cérémonies religieuses commencent. Longtemps les yeux de tous restent invariablement fixés sur le
blanc, qui du haut de son échafaudage prie d'une voix uniforme et
chantante : l'assemblée tout entière halète d'un même souffle et n'a
plus qu'une seule âme; elle contient son enthousiasme, chacun re-
foule le hurlement qui lui monte aux lèvres. Enfin à une apostrophe
véhémente du prédicateur l'auditoire ne peut plus se contenir : un
cri part de la foule, immédiatement suivi par d'autres cris; une
femme tombe dans les convulsions de l'extase, puis une autre, puis
d'autres encore : on les voit s'abattre çà et là comme des arbres
renversés par le vent. Alors tous donnent un libre cours à leur émotion longtemps contenue : pendant que les uns se précipitent autour
des femmes convulsionnaires pour les emporter hors du camp, les
autres confessent à haute voix leurs péchés, se jettent à genoux en
pleurant, chantent des hymnes religieux, se livrent à des danses

désordonnées. Élevant la voix jusqu'au glapissement, le prédicateur essaie de dominer l'indicible tumulte; il y réussit un instant; mais chaque nouvelle tirade soulève de nouveau la marée d'hommes qui ondule à ses pieds; d'autres auditeurs se jettent sur l'herbe, tordus par les convulsions; les hurlemens recommencent, la voix du prédicateur se perd dans le tumulte. Ainsi pendant plusieurs heures la foule est agitée par un délire indescriptible. Le lendemain, lorsque les esclaves sont retournés à leurs travaux, on ne voit plus sur l'emplacement du camp qu'une herbe foulée, des baraques en ruines et des débris de haillons épars. Telles sont les saturnales auxquelles on donne le nom de *réveil*. Il est douteux qu'elles donnent à l'esclave plus de noblesse morale et un plus grand amour de la liberté.

Dans les plantations du midi, les missionnaires itinérans sont plus rares, et d'ailleurs leur présence ne serait guère tolérée par les créoles, qui depuis longtemps se méfient de tous les voyageurs indistinctement. Les nègres ne peuvent assister au service religieux de la secte à laquelle ils appartiennent, à moins qu'ils n'habitent dans le voisinage d'une chapelle ou d'une église; cependant ils ne sauraient se passer de rites religieux quelconques : les planteurs eux-mêmes savent que leurs nègres ont besoin d'une exaltation périodique pour s'étourdir sur les misères de l'esclavage. Tandis que les charmeurs de serpens et les adorateurs de gris-gris sont presque sans exception des nègres créoles, c'est toujours parmi les nègres américains qu'on choisit le prédicateur du camp. Aucune fête n'est complète si aux libations et aux danses ne succèdent des prières et un sermon déclamés du haut d'un tonneau par le pasteur en titre. Rien de plus lamentable que ces parodies religieuses auxquelles le maître invite parfois ses amis à assister. Un soir, j'étais présent à l'une de ces fêtes, et mon âme en est encore navrée. Les riches planteurs se promenaient sous le péristyle de la *vérandah* et respiraient voluptueusement l'air embaumé du soir; les belles créoles, entourées de lucioles qui éclairaient leurs visages d'une lueur tremblotante, se balançaient nonchalamment dans leurs berceuses. Non loin de là, sous l'ombrage touffu des azédarachs, se pressaient les nègres de la plantation, honorés du regard souverain de leur maître, de leur maîtresse et des nobles amis. A quelques mètres de la *vérandah*, sur un tonneau renversé, était juché le prêcheur larmoyant, éclairé par une torche fixée à une colonne de la maison. Il n'avait point de Bible, car il ne savait pas lire, et d'ailleurs la Bible est proscrite; mais, dans une espèce de pose extatique, les genoux à demi fléchis, les mains jointes élevées à la hauteur de la poitrine, les yeux fermés, la tête rejetée en arrière, il récitait ou plutôt chan-

tait d'une voix lente et plaintive des lambeaux de prières, des vers
estropiés, des restes d'hymnes appris de quelque autre nègre dans
une plantation du nord. A chaque instant s'élevait le rire cruel de
ses maîtres, les plaisanteries se croisaient autour de lui; mais il
continuait impassible : il fallait contenter le maître, et ne pas être
sensible à l'injure. Chose fatidique cependant! le pauvre esclave
n'avait jamais appris et pendant plus de vingt ans n'avait récité
qu'un seul sermon, et ce sermon, où les mêmes phrases revenaient
constamment, avait pour texte la parabole du mauvais riche. « Oui,
s'écriait l'esclave avec la plus étrange naïveté, vous êtes riches,
vous êtes puissans, vous avez de l'or et de l'argent, et vous vous
roulez sur les pierres précieuses, vous avez des voitures et des chevaux et toutes les joies de ce monde. Tous vous envient; mais sou-
venez-vous que cette nuit même votre vie vous sera redemandée.
Et vous serez damnés à tout jamais, vous irez dans l'étang de feu et
de soufre, vous serez brûlés du feu qui ne s'éteint point, et rongés
du ver qui ne meurt point, tandis que le pauvre nègre ira dans le
sein d'Abraham, et sera consolé par le bon Dieu de ses misères et de
ses souffrances! » Ces paroles de l'esclave me faisaient frissonner :
elles me semblaient retentir comme un premier appel à la révolte et
au massacre; mais elles étaient tellement entrecoupées de hoquets
et chantées sur un récitatif tellement étrange, que le sens en était
presque complétement perdu pour les auditeurs. Et d'ailleurs les
maîtres n'eussent jamais daigné comprendre les allusions naïves
faites par le misérable esclave. Les rires ne cessèrent pas un seul
instant, et quand le prêcheur descendit de son tonneau, la maîtresse
de la maison lui fit donner une paire de pantalons et un verre de
brandy. Il se confondit en remercîmens devant celle qu'il venait de
condamner au feu éternel.

Ainsi, même du fond de cet affreux avilissement, du sein de ces
cérémonies religieuses dans lesquelles les esclavagistes voient une
de leurs meilleures sauvegardes, surgit une voix prophétique de
vengeance et de rétribution. Ces quatre millions d'hommes si doux
et si paisibles aujourd'hui peuvent dans un avenir prochain se relever avides et farouches. Défendue par le frein du travail, la terreur organisée, les divisions intestines des nègres, les mœurs sociales, le gouvernement et les puissantes corporations religieuses,
l'iniquité de l'esclavage peut avoir une fin, car elle porte en elle-
même le germe de sa propre destruction. Quels sont les moyens de
défense du parti esclavagiste? quelles seront ses chances dans la
lutte terrible qu'on peut aujourd'hui prévoir? C'est ce qui mérite
une étude à part.

ÉLISÉE RECLUS.

DE L'ESCLAVAGE

AUX ÉTATS-UNIS

II.

LES PLANTEURS ET LES ABOLITIONISTES.

I. *The Barbarism of Slavery*, by Charles Sumner, Boston 1860. — II *Maryland Slavery and Maryland Chivalry*, by R. G. S. Lame, Philadelphia 1860. — III. *Slavery doomed*, by Frederick Milner Edge, London 1860. — IV. *The Impending Crisis*, by Hinton Rowan Helper, New-York 1858. — V. *Sociology for the South*, by George Fitzhugh, Richmond 1851. — VI. *The Negro-law of South-Carolina*, collected and digested by John Belton O'Neall, Columbia 1848. — VII. *Code Noir de la Louisiane*, etc.

Nous avons essayé de faire connaître la situation des nègres esclaves d'Amérique (1); c'est au milieu des planteurs qu'il faut maintenant nous placer. Quelle est leur attitude vis-à-vis du parti abolitioniste de la grande république? Il faut le dire, les propriétaires d'esclaves semblent renoncer à la pensée de convaincre leurs adversaires du nord autrement que par le droit de la force; cependant, afin de se prouver à eux-mêmes la justice de leur cause et d'effacer dans leurs âmes jusqu'à l'ombre du remords, ils cherchent à étayer l'*institution domestique* de nombreux argumens tirés de l'histoire, de la morale, de la religion, et surtout du fait accompli. S'ils étaient complétement sincères, ils devraient se borner à prétendre que l'injustice est permise à tous ceux qui savent en profiter. Telle est la raison cachée qui inspire leur beau langage de vertu et de désintéressement. Il nous sera facile de résumer ici les argumens qu'ils emploient, car tous ces argumens se reproduisent avec une déses-

(1) Voyez la *Revue* du 15 décembre 1860.

pérante uniformité dans les discours qui se prononcent et les livres
qui se publient au sud de la Chesapeake et de l'Ohio.

I.

Jadis les hommes du sud admettaient que l'esclavage est un mal;
ils déploraient l'origine de leurs richesses, et formulaient le désir
que cette funeste institution léguée par leurs ancêtres fût enfin abolie. Pendant les débats engagés au sujet de la constitution fédérale
après l'heureuse issue de la guerre de l'indépendance, Mason,
lui-même propriétaire de nègres, tonnait contre l'esclavage, aux
applaudissemens des planteurs ses collègues. « Chaque maître d'esclaves est né tyran! » s'écriait-il. Plus tard, Jefferson, autre planteur de la Virginie, ajoutait : « L'esclavage ne peut exister qu'à la
condition d'un despotisme incessant de la part du maître, d'une
soumission dégradante de la part de l'opprimé. L'homme qui ne se
déprave pas sous l'influence funeste de l'esclavage est vraiment un
prodige! » En 1831 et 1832, la législature de la Virginie, qui depuis
a montré, dans l'affaire de John Brown, à quelles violences les intérêts menacés peuvent recourir, proposa l'abolition graduelle de
l'esclavage et discuta longuement les moyens d'obtenir ce résultat
si désirable. A cette époque, sur trente-six sociétés abolitionistes
qui existaient dans les États-Unis, vingt-huit étaient composées de
propriétaires d'esclaves.

De nos jours, les planteurs, éclairés par la haine et par la peur,
retirent leurs aveux d'autrefois. L'esclavage ne leur semble plus un
mal nécessaire; c'est un bien, un avantage inappréciable, un vrai
bonheur pour l'esclave lui-même, pour toute la race nègre, pour la
religion, la morale et la propriété, pour l'ensemble des sociétés humaines. « Nous n'avons plus aucun doute sur nos droits, aucun scru-
pule à les affirmer, s'écrie le sénateur Hammond. Il fut un temps
où nous avions encore des doutes et des scrupules. Nos ancêtres
s'opposèrent à l'introduction de l'esclavage dans ce pays et léguè-
rent leur répugnance à leurs enfans. L'enthousiasme de la liberté,
excité par nos glorieuses guerres d'indépendance, accrut encore cette
aversion, et tous s'accordèrent à désirer l'abolition de l'esclavage;
mais, lorsque l'agitation abolitioniste commença dans le nord, nous
avons été obligés d'examiner la question sous toutes ses faces, et le
résultat de notre étude a été pour nous la conviction unanime que
nous ne violons aucune loi divine en possédant des esclaves. Grâce
aux abolitionistes, notre conscience est parfaitement tranquille sur
ce grave sujet, notre résolution est calme et ferme. Oui, l'esclavage
n'est pas seulement un fait nécessaire et inexorable, mais aussi une

institution morale et humaine, produisant les plus grands avantages politiques et sociaux ! » Calhoun, le célèbre chef de file de tous les hommes d'état esclavagistes, est le premier qui ait osé se débarrasser de ce vain bagage des remords et affirmer la pureté de sa conscience au sujet de la possession de l'homme par l'homme. « L'esclavage, dit-il, est la base la plus sûre et la plus stable des institutions libres dans le monde. » Un de ses élèves, M. Brown, prétend que « l'esclavage est une grande bénédiction morale, sociale et politique, une bénédiction à la fois pour le maître et pour l'esclave. » D'autres sénateurs, encore plus lyriques, nous apprennent que « l'institution de l'esclavage ennoblit le maître et le serviteur ! »

Ces affirmations si tranchantes ne suffisent pas pour démontrer la légitimité de l'esclavage, il faut aussi donner des preuves à l'appui. Les planteurs se hâtent de les fournir. Sentant tout d'abord le besoin d'établir sur une base solide l'origine de leur domination, ils invoquent les théories inventées pour justifier la propriété en général. En effet, de même que le sol appartient au premier occupant et à sa descendance, de même l'homme appartient avec toute sa race à son premier vainqueur. Quand même la victoire serait le résultat d'un crime, la prescription ne tarde pas à transformer le mal en bien, et, par le cours des années, l'homme volé à lui-même devient graduellement propriété légitime. Une longue suite d'héritages, d'achats et de ventes a constaté la validité des titres possédés par le planteur, et maintenant des hommes déloyaux pourraient seuls lui contester son droit. « Le propriétaire d'esclaves, dit un arrêt de la cour suprême de la Georgie, possède son nègre comme un immeuble ; il le tient directement de ses ancêtres ou du négrier, de même que celui-ci le tenait du chasseur de nègres. »

Après avoir établi que la possession des nègres est suffisamment justifiée par l'hérédité, les défenseurs de l'esclavage cherchent à prouver que les noirs ont été créés pour la servitude. D'après ces théoriciens, les faits implacables de l'histoire prononcent sans appel. Partout où les Africains se sont trouvés en contact avec d'autres races, ils ont été asservis ; leur histoire se confond avec celle de l'esclavage, auquel ils sont évidemment prédestinés. Ils ne se révoltent pas sous la tyrannie comme l'Indien, ils rampent devant le maître qui les frappe, ils se font petits pour éviter l'insulte, ils flattent celui dont ils ont peur. Toutes les lâchetés que la position d'esclaves impose aux nègres leur sont reprochées comme si elles étaient spontanées. L'avilissement des serviteurs semble établir le droit des maîtres, et le crime même des oppresseurs est mis sur le compte des opprimés. Et puis l'Africain n'est-il pas incapable de se gouverner

lui-même, insouciant, superficiel? C'est un enfant sans volonté,
n'ayant que des caprices et des appétits; il doit être nécessairement
mis en tutelle. Il a besoin d'un père, ou bien, à défaut de père, d'un
commandeur armé du fouet. Pour le civiliser, il faut le rendre esclave.

Aux yeux des hommes vulgaires et ignorans qui se contentent de
l'apparence, la couleur de la peau suffit à elle seule pour établir la
condamnation de la race nègre à une éternelle servitude. D'après les
esclavagistes, les grosses lèvres, les cheveux crépus, l'angle facial
déprimé du noir, sont autant de signes d'une infériorité physique
relativement au blanc, et suffisent pour constituer une différence
spécifique. Pour eux, les blancs et les nègres sont des espèces complétement distinctes, et ne peuvent se mélanger d'une manière
permanente. Rejetant les faits innombrables offerts par l'Amérique
espagnole, où quinze millions d'hommes appartiennent plus ou
moins à la race mêlée, les défenseurs de l'esclavage préfèrent s'ap-
puyer sur quelques statistiques produites par des médecins *yankees,*
grands détracteurs de l'espèce africaine. Si le résultat de ces re-
cherches était conforme à la vérité, le mulâtre vivrait en moyenne
beaucoup moins longtemps que le noir ou le blanc, il serait miné
par des maladies chroniques, les femmes de sang mêlé allaiteraient
mal leurs enfans, et la plupart des nourrissons périraient quelque
temps après leur naissance. Les mariages conclus entre mulâtres seraient rarement prolifiques, en sorte que fatalement la race hybride
serait condamnée à périr, absorbée par les types primitifs. A ces
résultats statistiques, obtenus dans un pays où l'aversion générale
crée aux hommes de couleur une position tout exceptionnelle, on
peut opposer les résultats contraires qui se produisent dans les
contrées où règne la liberté. Et quand même une race hybride ne
pourrait se former, quand même les blancs et les noirs seraient des
espèces complétement irréductibles, la différence de couleur et d'o-
rigine doit-elle nécessairement produire la haine et l'injustice? La
distinction des races change-t-elle le mal en bien et le bien en mal,
ainsi que le prétendent les propriétaires d'esclaves?

Ceux-ci ne peuvent avoir qu'une seule raison de haïr leurs nègres : le mal qu'ils leur font en leur ravissant la liberté. Autrefois,
lorsque les esclaves blancs étaient un article de pacotille, lorsqu'on
les achetait en Angleterre et en Allemagne pour les revendre en
Amérique aux enchères, lorsque de vraies foires d'hommes se tenaient sur les vaisseaux arrivés d'Europe, lorsque les Écossais faits
prisonniers à la bataille de Dumbar, les royalistes vaincus à Wor-
cester, les chefs de l'insurrection de Penraddoc, les catholiques
d'Irlande et les monmouthistes d'Angleterre étaient vendus au plus

offrant (1), les planteurs éprouvaient pour ces malheureux blancs le même dégoût qu'ils montrent aujourd'hui à leurs nègres. De même, lorsque les Indiens capturés à la guerre faisaient partie du butin, que tous les peaux-rouges ennemis étaient d'avance condamnés à l'esclavage ou à la mort, lorsque le gouverneur de la Caroline du sud offrait 50 dollars par tête d'indigène assassiné, les Indiens étaient, comme les nègres, des objets d'horreur pour les envahisseurs blancs. Ce qui toutefois a relevé les petits-fils des esclaves blancs aux yeux de leurs compatriotes les planteurs, c'est le titre d'hommes libres qu'ils ont acquis. Maintenant ils sont en tout point les égaux de leurs anciens maîtres, et plusieurs d'entre eux occupent les fonctions les plus élevées de la république. Les Indiens aussi, en combattant pour leur liberté et en refusant obstinément le travail qu'on voulait leur imposer, ont su conquérir une certaine égalité; ils sont tenus en estime malgré la couleur de leur peau, et d'après le code noir « le sang qui coule dans leurs veines est, comme celui du blanc, le sang de la liberté (2). » Une preuve que la vraie cause de l'opprobre qui pèse sur les nègres n'est point la couleur, mais bien l'esclavage, c'est que les blancs qui comptent parmi leurs ancêtres un seul Africain sont tenus comme noirs eux-mêmes malgré le témoignage de leur peau. Un seul globule impur suffit pour souiller tout le sang du cœur. Il y a quelques années, le bruit se répandit qu'un des personnages les plus éminens de la Louisiane n'était pas de race pure, que l'une de ses trisaïeules avait vu le jour en Afrique. Le scandale fut immense, un procès émouvant se déroula devant la haute cour, et bien que le défenseur ait réussi, par ses larmes et ses argumens, à laver le prévenu de cette énorme accusation, bien qu'il ait pu faire prononcer que la trisaïeule était née de parens indiens, et que les seize seizièmes du sang de son client ne roulaient pas une goutte impure, cependant le soupçon et le mépris n'ont cessé, malgré l'acquittement, de planer sur le personnage accusé.

Quand même les principes sacrés de l'hérédité, le fait accompli, la différence de couleur, l'antagonisme historique des blancs et des noirs, seraient insuffisans pour justifier la prise de possession des esclaves, les défenseurs de l'*institution domestique* ne s'en croiraient pas moins en droit d'agir comme ils l'ont fait jusqu'à nos jours. L'esclavage fût-il en désaccord avec les lois de la morale vulgaire, les Américains devraient le maintenir par bonté d'âme, car le bien des

(1) Voyez Bancroft, *History of the United States*, vol. II, pages 99-106.

(2) Il est vrai que, pour mieux conquérir le respect des Américains, les Indiens se sont faits, eux aussi, propriétaires d'esclaves. Les Cherokees, établis à l'ouest de l'Arkansas, possèdent plus de deux mille nègres.

nègres eux-mêmes l'exige! — Quel bonheur, disent les propriétaires d'esclaves, quel bonheur pour les pauvres noirs d'avoir échangé leur servitude sur les bords du Niger contre une servitude sur les rivages du Mississipi! Ils vivaient comme des animaux à l'ombre de leurs baobabs, ils étaient vendus pour une bouteille d'eau-de-vie ou faits captifs dans quelque guerre sanglante, ils avaient sans cesse à craindre d'être sacrifiés vivans sur la tombe d'un chef. Pour eux, aucun progrès; grossiers et nus comme leurs pères, ils n'avaient d'autre joie que la satisfaction de leurs appétits matériels. Aujourd'hui les nègres d'Amérique sont encore esclaves, il est vrai; mais ils ont quitté les ténèbres pour la lumière, la barbarie pour la civilisation, l'idolâtrie pour le christianisme, en un mot la mort pour la vie!

C'est donc par humanité que les négriers ont volé des millions de noirs sur la côte d'Afrique, ont fomenté les guerres civiles dans tous les petits royaumes de ce continent, ont entassé à fond de cale les corps de tant de malheureux! Ils étaient les hérauts de la civilisation, et la postérité ne saura trop les bénir d'avoir accompli au péril de leur vie ce grand œuvre du rapprochement des races. Ils prétendent avoir fait, au nom de Mammon, par la ruse, le vol, l'assassinat et la guerre civile, plus que ne peuvent faire les envahissemens graduels et pacifiques du commerce, de l'émigration libre, de l'éducation! Ils ont rendu plus de services à l'humanité que les missionnaires du sud de l'Afrique! Pour tout dire, l'esclavage est, d'après les logiciens du sud, la base même des sociétés, et sans l'asservissement d'une moitié de l'humanité, le progrès serait impossible pour l'autre moitié. Les propriétaires d'esclaves vont jusqu'à revendiquer une solidarité glorieuse avec ceux qui ont élevé le Parthénon et gagné la bataille de Salamine. À les en croire, si la république athénienne doit être à jamais l'éblouissement des âges, c'est que ses libres citoyens pouvaient s'occuper de grandes choses en laissant les travaux serviles à des êtres dégradés. « Il est des hommes, dit George Fitzhugh, un des plus éloquens défenseurs de l'esclavage, il est des hommes qui naissent tout bâtés, et il en est d'autres qui naissent armés du fouet et de l'éperon... Toute société qui veut changer cet ordre de choses institué par Dieu même est condamnée d'avance à la destruction! » Dût le monde entier les abandonner, les planteurs se resteront fidèles à eux-mêmes; ils maintiendront sans hésitation la légitimité de l'esclavage, car c'est là une question de vie et de mort pour leurs institutions ainsi que pour leurs personnes. Dans un élan d'éloquence, le gouverneur d'un état du sud, M. Mac Duffie, s'écriait: « L'esclavage est la pierre angulaire de notre édifice républicain! » Quel effrayant aveu! Ainsi Washington en fondant la patrie américaine, Jefferson en inscrivant en tête de la constitution nationale la déclaration que tous les hommes sont nés égaux, auraient fait reposer la liberté des blancs sur l'esclavage de leurs frères noirs! Ainsi cette terre de liberté, celle vers laquelle se sont pendant un demi-siècle tournés les yeux de tous les opprimés d'Europe, vers laquelle coule incessamment un fleuve d'hommes cherchant à la fois le bien-être et l'indépendance, cette terre doit être éternellement le cachot de plusieurs millions de noirs, afin d'assurer aux blancs le bonheur qu'ils viennent chercher! Pour expliquer son assertion, le gouverneur Mac Duffie affirme que, dans toute république viable, le pouvoir doit nécessairement appartenir à une minorité intelligente et riche; or le meilleur moyen de lui assurer ce pouvoir n'est-il pas d'asservir une moitié de la population en intéressant l'autre moitié à l'état de choses existant par la certitude de tout perdre, si une insurrection vient à triompher? D'un côté, la conservation de la république repose donc sur la terreur des esclaves; de l'autre, la paix n'est garantie par les appréhensions des maîtres qu'à la seule condition d'un effroi général. Que tous tremblent, les blancs en présence des noirs, les noirs en présence des blancs : le salut de la patrie est assuré! Telle est pour les esclavagistes américains la garantie suprême du maintien de leurs institutions prétendues libres.

L'exclamation de M. Mac Duffie ne se rapporte pas seulement aux états à esclaves, elle se rapporte aussi d'une manière générale à la république américaine tout entière. Elle n'est heureusement point encore vraie, mais elle tend à le devenir, et si les états du nord ne rejettent pas définitivement toute complicité avec ceux du sud, ils seront malgré eux entraînés dans la même voie. Plus puissans, plus riches, plus nombreux que leurs voisins, les hommes du nord ont néanmoins jusqu'à présent cédé sur toutes les questions importantes. Par le compromis de 1820, ils ont permis l'annexion du Missouri aux terres de l'esclavage; ils ont laissé arracher au Mexique l'état du Texas, aujourd'hui transformé en pépinière d'esclaves; ils ont abandonné la cause des colons du Kansas et pour ainsi dire autorisé la guerre sauvage qui ensanglanta ce territoire; ils ont voté la loi des esclaves fugitifs et décrété que le nègre, en s'échappant, volait son propre corps; ils ont, par la voix du congrès, permis aux planteurs d'introduire leur propriété *vivante* dans les territoires malgré la volonté des habitans; par la voix du tribunal suprême, qui est la conscience nationale elle-même, ils ont refusé tous les droits de l'homme au nègre libre. Encore aujourd'hui ils prêtent leurs agens et leurs soldats pour maintenir l'esclavage, empêcher l'insurrection servile, ramener les nègres fugitifs; ils célèbrent avec les planteurs les mêmes fêtes en l'honneur d'une liberté qui n'existe que pour les blancs. La constitution elle-même s'en va à la dérive, emportée, comme une barque rompue, par un flot de lois et de décrets rendus en l'honneur de l'esclavage. Puisque les hommes du nord n'ont cessé d'imaginer des compromis avec les oppresseurs de la race noire, ils sont devenus complices et solidaires de leurs actes; ils n'ont pas même, comme Pilate, le droit de se laver les mains et de se proclamer innocens du sang injustement répandu. Le mal est très envahissant de sa nature : si les états du nord ne séparent pas nettement leur cause de celle des esclavagistes, leur liberté sera attaquée de la gangrène, et la parole de M. Mac Duffie deviendra complétement vraie : « L'esclavage est la pierre angulaire de notre édifice républicain! » Ces institutions du sud, où les habitudes de la liberté se mélangent d'une manière intime avec les horreurs de l'esclavage, exercent une influence tellement délétère que, même à Liberia, cette république de nègres modelée sur le type de la république américaine, la servitude a été rétablie avec tout son cortége de crimes. L'esclavage domestique y existe ainsi qu'aux États-Unis, les indigènes y sont achetés, vendus, battus et méprisés par leurs nouveaux maîtres, comme le sont les nègres d'Amérique par leurs maîtres blancs (1). « Les nouveau-venus sont étonnés, dit un missionnaire noir de Liberia, en voyant les riches et les pauvres de la république fouetter impunément leurs serviteurs; mais on s'y habitue facilement, et l'on voit dans cet usage du fouet non plus une injustice, mais un mal nécessaire. »

On voit que les esclavagistes occupent une position très forte, puisqu'ils s'appuient sur la propriété et sur la société elle-même; mais leur plus solide alliée est la religion. Affirmant, avec la plupart des sectes chrétiennes, que le texte de la Bible est littéralement inspiré par Dieu même, ils disent accepter les paroles de ce livre comme la règle de leur conduite. En effet, les textes bibliques ne leur manquent point pour justifier l'esclavage. Ils racontent avec onction l'histoire de la malédiction de Cham ; ils prouvent que, dans le Décalogue même, la possession d'un homme par un autre homme est formellement reconnue; ils établissent sans peine que maintes et maintes fois les législateurs et les prophètes, se disant inspirés de Dieu, ont voué à l'esclavage ou à la mort les Jébusiens, les Édomites, les Philistins et autres peuplades qui guerroyaient contre les Hébreux. Ils affirment aussi, en s'appuyant sur les textes, que l'Évangile sanctionne implicitement la servitude, et ils citent l'exemple de saint Paul renvoyant à son maître un esclave fugitif. Forts

____

(1) Voyez *Dahomey and the Dahomans*, by Frederick E. Forbes, London 1851.

de cet appui, ils en appellent solennellement au *grand juge* dont ils se disent les apôtres : ils maudissent les abolitionistes comme des blasphémateurs, des contempteurs de la parole divine; ils condamnent au feu à venir, comme du haut d'un tribunal céleste, tous ceux qui voient un crime dans l'achat de l'homme par l'homme. Ayant ainsi mis de leur côté le Dieü des armées, ils peuvent tout se permettre: ils peuvent décréter le rétablissement de la traite, la mise en esclavage de tous les nègres libres, au besoin la mort pour l'abolitioniste blanc : n'ont-ils pas pour eux l'exemple des prophètes, des juges et des rois inspirés de la Judée? Le premier acte de la législature de la Caroline du sud, en proclamant son indépendance, a été de décréter un jour de jeûne solennel et d'invoquer le Tout-Puissant « comme il convient à un peuple moral et religieux. »

II.

Le problème de l'esclavage, un des plus terribles sans aucun doute qui aient jamais été posés devant le genre humain, serait-il donc insoluble par des moyens pacifiques?

Le moyen qui se présente au premier abord à l'esprit, — le rachat intégral des esclaves américains, — ne serait praticable que s'il y avait accord entre tous les peuples civilisés en vue de ce résultat, car les finances d'aucun gouvernement isolé ne pourraient subvenir à une semblable dépense. En 1848, la France a payé 126 millions le rachat de ses esclaves, l'Angleterre avait voté dès 1837 la somme bien plus considérable de 500 millions pour le même objet; mais si le gouvernement des États-Unis voulait faire de tous les esclaves américains autant d'hommes libres en les achetant à leurs propriétaires, il faudrait, en adoptant l'évaluation minime de 1,000 dollars par tête, grever le budget national d'une somme de 4 milliards 200 millions de dollars, soit plus de 20 milliards de francs. Quand même les planteurs, avec une générosité dont ils n'ont guère donné de preuves, se contenteraient de l'ancienne évaluation fictive de 600 dollars par esclave, évaluation adoptée jadis pour fixer la quote-part des impôts, l'indemnité serait encore de 12 milliards. En outre les propriétaires d'esclaves réclameraient sans aucun doute 12 milliards de plus pour les dédommager de la baisse subite et inévitable du prix des terres. Quoi qu'il en soit, il est manifestement impossible de trouver pour le rachat des esclaves cette immense rançon à laquelle chaque année qui s'écoule ajoute quelques centaines de millions de plus. Admettons cependant que cette effroyable somme puisse être payée, et que les nègres, esclaves aujourd'hui, redressent enfin leurs têtes : la question terrible n'est pas encore résolue, les blancs et les noirs ne cessent point d'être ennemis irréconciliables, l'abîme de haine les sépare toujours, et le souvenir du passé condamne la race nègre à la misère ou à la mort. « Si on libère nos esclaves, me disait un planteur, excellent homme qui se calomniait certainement lui-même, mais ne calomniait point sa caste, qu'on nous en paie d'abord la valeur intégrale, puis qu'on se hâte de les éloigner du pays, car, je vous l'affirme, dix ans après le jour de l'émancipation, il ne resterait plus un seul nègre dans le pays; nous les aurions tous exterminés à coups de carabine. » Le sénateur Hammond prétend que les nègres donneraient le signal de l'attaque, mais la conclusion à laquelle il arrive est la même que celle du planteur : « Avant que plusieurs lunes ne fussent révolues, s'écrie-t-il, la race africaine serait massacrée ou de nouveau réduite en esclavage! » Ainsi l'émancipation pacifique semble impossible, et la lutte menace de se terminer comme à Saint-Domingue par l'expulsion ou l'extermination de l'une des deux races ennemies.

Épouvantés de la perspective de guerre et de désordre offerte par l'émancipation, la plupart des abolitionistes, et Mme Beecher Stowe entre autres, proposent de renvoyer tous les nègres libres en Afrique, et de leur donner à coloniser et à civiliser ces côtes de Guinée où leurs ancêtres ont été jadis volés par les négriers. Cette solution du problème est tout simplement impossible. Pour exiler ainsi les esclaves libérés du sol de l'Amérique, il faudrait d'abord obtenir le consentement des nègres, dont les conditions d'hygiène ont été changées par le climat du Nouveau-Monde, et qui redoutent à juste raison le climat à la fois humide et torride de l'Afrique tropicale. Si on les transportait malgré eux, on se rendrait coupable d'un forfait semblable à celui qu'on a commis envers leurs ancêtres; on organiserait sur une échelle gigantesque la proscription en masse de plusieurs milliers d'hommes. Non, puisqu'on a arraché les nègres à leur première patrie, qu'on les laisse maintenant dans celle qu'on leur a donnée! Ils sont nés en Amérique, ils y ont passé leur enfance, ils y ont souffert : qu'ils puissent enfin y être heureux! Ils y ont été torturés par des maîtres : qu'ils deviennent citoyens et jouissent de la liberté! Le même sol qui a vu leur avilissement doit être le théâtre de leur réhabilitation. Si plusieurs d'entre eux veulent contribuer par leur travail à la prospérité de Liberia, les rapports entre les deux continens et les progrès de la civilisation ne peuvent qu'y gagner; mais n'est-il pas probable et même certain que presque tous les nègres de l'Amérique du Nord se grouperont peu à peu dans les îles merveilleuses de la mer azurée des Caraïbes, sur les plages du golfe du Mexique, dans l'Amérique tropicale, où leurs frères ont déjà fondé diverses républiques douées de tous les germes d'une grande prospérité future? Qui sait même si les magnifiques pays que l'ambition du flibustier Walker avait baptisés du nom d'*empire indien* ne formeront pas quelque jour une vaste république de nègres?

Si les gouvernemens des états du sud étaient sages, ils tâcheraient de conjurer les dangers de l'avenir par une émancipation graduelle des esclaves. Ils devraient d'abord proclamer la liberté de tous les négrillons nés ou à naître sur leurs plantations, puis les faire soigneusement instruire dans les écoles publiques professionnelles, et les rendre maîtres absolus de leurs actions à l'âge de vingt ans. Tel est, moins l'instruction gratuite et obligatoire, le moyen qu'ont adopté la plupart des états du nord et diverses républiques de l'Amérique espagnole, afin d'obtenir l'extinction graduelle de l'esclavage; telle était aussi la loi que la législature de la Virginie fut sur le point de voter dans les sessions de 1831 et de 1832, et qu'elle rejeta par haine des partis abolitionistes qui commençaient à agiter l'empire. On devrait aussi permettre aux esclaves de se louer eux-mêmes et de se racheter graduellement en accumulant leurs petites épargnes, accorder au fils libre, ainsi que le stipulait dans les colonies françaises la loi connue sous le nom de loi Mackau, le privilége de libérer par son travail son père, sa mère, ou les autres membres de sa famille. Surtout il faudrait relever les nègres à leurs propres yeux en offrant la liberté en prime à tous les esclaves qui se distingueraient par leur amour du travail, leur intelligence, leurs nobles actions : en prévision de la liberté, on formerait ainsi une génération qui en serait digne. Ces mêmes planteurs qui ont pu décider le gouvernement fédéral à faire offrir plusieurs fois la somme de 200 millions de dollars, plus d'un milliard de francs, pour l'achat de l'île de Cuba, c'est-à-dire pour l'annexion d'un million d'esclaves et l'aggravation des dangers qui les menacent, pourraient bien consacrer cette même somme à la transformation d'un peuple d'esclaves en un peuple d'hommes libres. En ayant recours à l'expédient de l'émancipation graduelle, les planteurs éviteraient une effroyable guerre de races, sans avoir à craindre de se réduire eux-mêmes à la mendicité. Pendant toute la durée d'une génération, ils auraient le temps de se préparer à l'avénement de la liberté, ils s'accoutumeraient à voir à côté d'eux une foule toujours grossissante de nègres libres; ils se débarrasseraient peu à peu de leurs préjugés et de leurs haines, et devant le monde se libéreraient du crime qui pèse maintenant sur eux et les signale à la répulsion de tous.

Certains abolitionistes espèrent que les évasions de nègres finiront par diminuer sensiblement le nombre des esclaves, et forceront peu à peu les maîtres à abandonner par lassitude leurs titres de propriété. Malheureusement ces âmes naïves ne se font aucune idée des obstacles presque insurmontables que rencontrent les nègres ou les hommes de couleur fugitifs. Il est nuit : au clair de la lune, l'esclave évadé voit disparaître derrière les champs de cannes les lourdes cheminées de l'usine et les pacaniers de la cour seigneuriale. Il s'échappe par les fossés d'écoulement, afin qu'on ne puisse suivre ses traces, puis il s'enfonce dans la forêt sous les sombres cyprès aux racines noyées. Malgré les serpens enroulés autour des troncs, malgré les chats-tigres qui rôdent au milieu des touffes de lataniers, malgré les hurlemens lointains, toutes ces voix stridentes ou sifflantes qui sortent des fourrés, malgré les frôlemens des pas à demi étouffés, il court, redoutant moins les terreurs de la forêt mystérieuse que la case où il vient de laisser femme, enfans, amis, sous la menace du fouet de l'économe. Arrivé au bord d'un marécage, il s'y jette, son couteau entre les dents, et nage dans la vase liquide, effarouchant les crocodiles qui plongent à ses côtés et vont chercher une retraite au plus épais des roseaux. Il atteint l'autre bord tout couvert de limon et continue sa route, guidé seulement par les étoiles qu'il entrevoit à travers le branchage. Il faut qu'au lever du jour il ait mis entre son maître et lui une large zone de forêts et de *bayous,* il faut que les chiens cubanais, dogues au poil roux, agiles comme des lévriers et dressés à la chasse de l'homme, perdent sa piste et ne puissent le traquer dans sa retraite. Il n'a pour nourriture que des reptiles, les jeunes pousses des lataniers, ou les fruits du nénuphar à grand'peine recueillis sur la surface des eaux : peu lui importerait s'il avait du moins la conscience de sa liberté et s'il osait regarder de l'œil d'un homme libre cette nature inhospitalière dont il tente les solitudes inviolées; mais ses membres tremblent comme la feuille, à chaque instant il croit entendre les courts aboiemens du terrible chien de chasse, il s'attend à voir à travers le feuillage reluire le canon de la carabine du maître. Malgré sa fuite, il ne s'appartient pas : il est toujours esclave; il ne peut jouir un seul moment de sa liberté si chèrement achetée. Le jour, il se blottit dans les broussailles à côté des serpens et des lézards; la nuit, il marche vers le nord ou vers l'ouest, se hasardant parfois sur la lisière de quelque plantation pour cueillir des épis de maïs ou déterrer des pommes de terre.

Pendant ce voyage de mille lieues entrepris dans l'espoir presque insensé d'atteindre la terre de liberté dont il a vaguement ouï parler, qu'il se garde surtout de se laisser entrevoir par un homme à peau blanche ou même par un noir, frère corrompu qui pourrait le trahir! Qu'il soit plus solitaire et plus farouche que le loup, car on le considère aussi comme une bête fauve, et si le bruit de son passage se répand, on organise aussitôt une battue pour sa capture. Chaque homme est son ennemi, le blanc parce qu'il est libre, le nègre parce qu'il est encore esclave; il ne peut compter que sur lui-même dans cet immense territoire, qu'il mettra des mois ou des années à franchir! Le plus souvent, il n'arrive pas au terme de son voyage; il se noie dans quelque marécage, il meurt de faim dans la forêt, ou bien il est suivi à la piste par des chasseurs d'hommes, saisi à la gorge par le dogue d'un planteur et mené à coups de fouet dans la geôle la plus voisine. Là on commence par le flageller jusqu'au sang, on lui met au cou un collier de fer armé de deux longues pointes qui se recourbent en cornes de chaque côté de la tête; puis on le condamne aux travaux forcés jusqu'à l'arrivée du maître.

La perspective de tant de dangers à braver et d'un si terrible insuccès effraie la plupart des esclaves qui désireraient recouvrer leur liberté; le nombre de ceux qui tentent ainsi l'impossible n'atteint probablement pas deux mille par an, et la population totale des nègres réfugiés dans les provinces anglaises du Canada s'élève au plus à quarante ou quarante-cinq mille. Même parmi les esclaves fugitifs, on aurait tort de voir toujours des amans de la liberté capables de braver famine et dangers pour redresser la tête en levant vers le ciel leurs mains libres d'entraves. La plupart des nègres *marrons*, abrutis par la servitude, ne cherchent à s'assurer que le loisir. D'ordinaire ils s'enfuient avant le commencement des grands travaux de l'année, et pendant que leurs compagnons d'esclavage abreuvent les sillons de leurs sueurs, ils sont nichés dans un gerbier d'où ils surveillent d'un œil superbe tous les travaux de la plantation, ou bien ils parcourent les cyprières à la poursuite des sarigues et des écureuils. La nuit, ils s'introduisent dans les cours, comme des renards, pour voler des poules et des épis de maïs. Les planteurs connaissent la mollesse et la lâcheté de ces nègres et s'abstiennent de les poursuivre, sachant bien qu'ils viendront se livrer tôt ou tard. En effet, quand ces fugitifs commencent à maigrir, quand ils sont las de leurs courses aventureuses dans la forêt, et que la saison des grands travaux est passée, ils se présentent de nouveau devant leurs maîtres, et ils en sont quittes pour une cinquantaine de coups de fouet et un carcan de fer autour du cou. Que leur importe? L'année suivante, à pareille époque, ils recommenceront leurs douces flâneries à travers les bois et les champs. Il n'est peut-être pas dans les États-Unis une seule grande plantation qui ne compte un ou plusieurs de ces nègres coutumiers de *marronnage*. En revanche, on cite à peine un ou deux exemples d'esclaves qui aient refusé tout travail par sentiment de leur dignité et préféré se suicider sous les yeux de leurs maîtres ou se casser le bras dans les engrenages de l'usine. Ce refus héroïque du travail, si général chez les Indiens réduits en esclavage, est extrêmement rare chez le nègre ; pour s'affranchir, il court rarement au-devant de la mort.

Dans les conditions actuelles, une sérieuse insurrection des esclaves américains semble assez improbable, et ceux qui font de la liberté des noirs l'espérance de leur vie ne doivent guère compter sur une émancipation violente pour un avenir prochain. Livrés à eux-mêmes, les nègres d'Amérique ne se révolteront certainement pas, car ils n'ont jamais connu la liberté. Au moins les esclaves de Saint-Domingue se rappelaient en grand nombre les plages et les marais de l'Afrique, les fleuves, les lacs immenses et les forêts de baobabs ; ils avaient des traditions de liberté. L'esclave américain est né dans l'esclavage, son père avant lui et son grand-père étaient esclaves ; toutes ses traditions sont des traditions de servitude ; il voit tous ses ancêtres une bêche à la main, son maître est devenu pour lui une institution, le destin lui-même ; rêver la liberté, c'est rêver l'impossible. Aussi dur que soit son labeur, il y est habitué autant qu'on peut l'être ; les coups de fouet sont pour lui un des nombreux, mais nécessaires désagrémens de la vie. Il les subit avec une résignation de fataliste, car il a perdu ce désir de vengeance brutale du barbare qui frappe quand il est frappé, et il n'a pas encore la dignité de l'homme libre qui brise en même temps les entraves morales et les chaînes de fer. Aussi les propriétaires d'esclaves redoutent fort peu une insurrection spontanée, ils feignent même de ne craindre aucun mouvement sérieux dans le cas d'une guerre avec l'étranger ou avec les états du nord ; d'après eux, le nègre asservi n'est jamais un homme et ne peut comprendre le langage de la liberté. Il est possible en effet qu'à l'origine même d'une guerre la population esclave restât soumise : lors de la courageuse tentative de John Brown, on a vu les nègres libérés refuser eux-mêmes de prendre les armes ; habitués à l'obéissance, ils demandaient à continuer leurs travaux serviles, comme si l'heure de la liberté n'eût pas déjà sonné. Les dangers ne pouvaient devenir imminens pour les maîtres que si cette lutte, commencée par des blancs, se fût prolongée pendant quelques semaines.

À tort ou à raison, les planteurs du sud voient plus de sécurité que de sujets de crainte dans la possession d'un grand nombre d'esclaves, car plus ils auront de nègres à leur service, et plus ils décourageront le travail libre, forçant à l'émigration tous les blancs non propriétaires d'esclaves. Leur idéal serait de rester seuls dans le pays avec leurs chiourmes de noirs, sans que personne vînt jamais s'ingérer dans leurs affaires. Aussi demandent-ils impérieu-

sement le rappel des lois qui abolissent la traite, ils réclament le
droit inaliénable des citoyens libres de pouvoir voler des noirs par
milliers sur les côtes d'Afrique, pour les faire travailler dans les
marais fiévreux des Carolines et de la Floride. Plusieurs fois les
législateurs de la Caroline du sud et des états limitrophes ont demandé que les nègres capturés sur les navires négriers par les croiseurs américains fussent vendus comme esclaves, et déjà en 1858
les officiers fédéraux ont été obligés de faire pointer les canons d'un
fort sur la populace de Charleston pour sauver une cargaison de
noirs délivrés.

En fait, la traite des nègres, officiellement abolie en 1808 malgré l'opposition du Massachusetts et de quelques autres états, est
rétablie, et s'exerce avec le même accompagnement d'horreurs
qu'autrefois. Des armateurs de Boston, de New-York, de Charleston, de la Nouvelle-Orléans, fondent des sociétés par actions de
1,000 dollars chacune, et font appel aux capitaux, comme ils le
feraient pour une entreprise commerciale ordinaire. La perspective
d'un bénéfice considérable attire un grand nombre de bailleurs de
fonds, et bientôt de magnifiques navires, dont la destination n'est
un mystère pour personne, mais qui sont munis de papiers parfaitement en règle, quittent le port et cinglent vers La Havane, où ils
prennent leur provision d'eau, — du rhum et des fusils pour com-
mercer avec les marchands de nègres, — des ceps et des menottes
pour amarrer leur cargaison future. D'avance la compagnie expédie
sur les côtes de Guinée ou de Mozambique des agens chargés d'acheter des esclaves et de signaler aux négriers la présence des croiseurs
par de grands feux allumés sur la plage ; quelquefois aussi elle envoie à la côte d'Afrique de petits navires pourvus des provisions nécessaires. Les bâtimens de la compagnie, souples et légers *clippers*
qui volent comme des oiseaux devant la brise, mouillent à l'endroit
convenu, embarquent les hommes troqués contre quelques barri-
ques d'eau-de-vie, et remettent aussitôt le cap sur l'île de Cuba, où
des autorités complices vérifient les marchandises et visent les papiers du capitaine. Si les navires, malgré leur agilité, ne peuvent
échapper à la poursuite des frégates anglaises, il leur reste toujours
la suprême ressource de hisser l'inviolable drapeau américain. Se
mettant ainsi sous la protection de la glorieuse république, ils peuvent être sûrs d'être épargnés, et quand même ils seraient menés
dans un port des États-Unis, à Norfolk ou à New-York, ils n'ignorent point que la complicité morale et les temporisations de leurs
juges les rendront bientôt à la liberté.

Les profits d'un pareil commerce sont énormes. Autrefois, lorsqu'un seul navire sur trois échappait aux croiseurs, le négrier réa-

lisait un bénéfice considérable, et depuis que de grandes compagnies d'actionnaires ont remplacé l'industrie privée, les profits ont singulièrement augmenté, car les risques diminuent progressivement à mesure qu'on emploie un plus grand nombre de bâtimens. On a calculé qu'en sauvant un seul navire sur six, on pourrait, par la vente de la cargaison humaine, réaliser encore un très joli bénéfice, défalcation faite de toutes les dépenses. Or les croiseurs anglais et américains ne capturent guère qu'un négrier sur trois, et l'esclave acheté de 20 à 100 francs sur la côte de Guinée est revendu en moyenne plus de 1,000 fr. aux planteurs de Cuba. Les capitaines de navires négriers, après avoir débarqué leur cargaison, abandonnent parfois leurs bâtimens au milieu des écueils ; la perte d'un navire ébrèche à peine leur énorme bénéfice. Un négrier, don Eugenio Vinas, a réalisé en 1859, à son quatre-vingt-cinquième voyage, sur une cargaison de douze cents nègres, dont quatre cent cinquante sont morts en route, un bénéfice net de 900,000 fr., sans compter 500,000 fr. distribués généreusement aux autorités cubanaises. En 1857, on estimait les profits des sociétés de traite à 1,400 pour 100 dans la seule année. Ce sont là des chiffres de nature à faire impression sur les spéculateurs *yankees*; aussi les actions des compagnies de négriers sont-elles en grande faveur sur les marchés de New-York et de Boston, et les navires qui vont acheter du *bois d'ébène* sur la côte de Guinée sont accompagnés dans leur traversée par les vœux de bien des négocians, d'ailleurs très pieux et très honorables. Dans les deux seuls mois de mars et d'avril 1858, cinquante navires, presque tous américains et pouvant contenir environ six cent cinquante esclaves chacun, sont partis de La Havane. On peut évaluer à quatre-vingt-dix environ le nombre des bâtimens employés au service de la traite entre l'île de Cuba et l'Afrique. Quarante mille esclaves sont débarqués chaque année dans les ports de l'île : c'est donc bien inutilement que les vaisseaux anglais croisent depuis quarante ans dans l'Atlantique à la recherche des négriers ; le milliard dépensé par le gouvernement anglais pour les croisières n'a servi qu'à rendre la traite plus horrible.

Ces quarante mille noirs ne restent pas tous dans l'île de Cuba; un grand nombre d'entre eux sont importés aux États-Unis sur des bateaux pêcheurs. En outre, des cargaisons d'esclaves sont directement expédiées de Guinée aux états du sud, ainsi que l'a prouvé l'affaire du négrier *Wanderer*. Cependant, en Amérique comme en tant d'autres colonies, on cherche à recruter de nouveaux esclaves sous le nom moins odieux d'engagés ou d'immigrans libres. Ainsi la législature de la Louisiane a récemment chargé la maison de commerce Brigham d'introduire dans l'état deux mille cinq cents Africains libres, à la condition d'obtenir de ces Africains un engagement pour une période d'au moins *quinze* années. Les raisons invoquées par le rapporteur sont d'une étrange hypocrisie. A l'en croire, il s'agit surtout d'assurer le bonheur de ces noirs, de les faire passer de la servitude la plus abjecte, des ténèbres de l'intelligence, de la dégradation morale, à une liberté relative, à une vie de travail adoucie par l'influence heureuse du christianisme; il s'agit de procurer à ces infortunés Africains toutes les douceurs de la vie des esclaves d'Amérique, « les gens les plus heureux qui vivent sous le soleil... D'ailleurs l'introduction de nègres *libres* dans l'état et leur vie en commun avec les esclaves ne peuvent créer aucun danger, car la couleur de leur peau, leur ignorance, leurs habitudes, le genre de travail qu'on exigera d'eux, les mettront exactement sur le même niveau que les esclaves déjà établis dans le pays. Et quand le terme de leur engagement sera expiré, il nous suffit de dire (*we need say no more*) qu'ils pourront s'engager de nouveau, ne fût-ce que pour une période qui leur permette d'acquérir les moyens de retourner dans leur patrie ou dans la république de Liberia, dont ils apprécieront les institutions libérales et chrétiennes, grâce à l'apprentissage qu'ils en auront fait sur le sol américain. » Enfin le rapporteur termine par un argument devant lequel toute opposition doit céder. « Ceux, dit-il, qui, sous prétexte d'humanité ou de philanthropie chrétienne, repoussent l'introduction sur le sol louisianais de ces Africains sauvages, ignorans, dégradés, non-seulement s'appuient sur de faux raisonnemens, mais encore, sans le savoir, se rangent du côté de nos adversaires, les abolitionistes du nord! » Qui peut douter, après cette harangue, que la prétendue immigration libre ne soit en réalité l'esclavage lui-même sous une forme non moins odieuse?

Quel sera le résultat inévitable du rétablissement de la traite, si les états du sud, libres enfin d'agir à leur guise, en arrivent à violer ouvertement les lois fédérales? Ce sera l'aggravation de la mortalité parmi les nègres d'Amérique, et par conséquent le manque de bras. Il deviendra plus coûteux d'élever un enfant noir pendant de longues années que d'acheter un robuste travailleur. Sans que pour cela les maîtres aient conscience de leur barbarie, ils s'occuperont moins de la santé des négrillons, et ils les laisseront mourir, ou bien, comme les planteurs de Cuba, ils n'achèteront plus de femmes et n'importeront que des hommes dans la force de l'âge. Le marché étant constamment fourni de travailleurs à bas prix, les planteurs craindront aussi beaucoup moins de surmener leurs nègres. Ce qui s'est vu à la Jamaïque, dans les petites Antilles, au Brésil, où, malgré l'introduction constante de nouveaux esclaves, le nombre total de la population de couleur diminuait constamment, se renouvellera peut-être aux États-Unis. En même temps les besoins des planteurs développeront la traite sur une échelle toujours plus étendue, et l'Afrique ne sera plus considérée par eux que comme un immense dépôt où il suffira de puiser pour combler les vides faits dans les rangs des esclaves américains. Ne voyons-nous pas les habitans de Maurice et de la Réunion s'occuper bien plus de faire venir de nouveaux travailleurs que d'utiliser ceux qu'ils ont déjà sous la main? Et cependant ces créoles n'ont pas, comme les planteurs de l'Amérique, le malheur d'être les maîtres absolus des hommes qu'on leur amène de par-delà les mers.

Les faits que nous avons cités prouvent combien sont difficiles à surmonter les obstacles qui s'opposent à la libération des esclaves d'Amérique; mais, il faut l'avouer avec tristesse, ce qui fait la plus grande force des esclavagistes, ce n'est pas leur terrible solidarité, ni l'audace effrayante avec laquelle ils se jettent dans les hasards de la traite; ce n'est pas la lâcheté ni l'ignorance de leurs nègres : c'est l'inconséquence de leurs ennemis du nord. On sait combien il est facile de se laisser abuser par les mots et d'accepter paresseusement des opinions toutes faites, même à l'endroit des choses les plus graves. C'est ainsi que dans le monde entier la plupart de ceux qui s'occupent plus ou moins vaguement de politique sont d'accord pour admettre que les abolitionistes n'ont d'autre vœu que l'émancipation des noirs, leur admission comme citoyens dans la grande communauté républicaine, la fraternité des races, la réconciliation universelle. Hélas! il en est tout autrement, et la plupart des abolitionistes ne réclament l'extinction de l'esclavage que pour éviter aux blancs la concurrence du travail servile : c'est par haine, non par amour des noirs, qu'ils demandent l'affranchissement des déshérités. Certainement il est dans les rangs du parti républicain bien des hommes de dévouement et d'héroïsme qui voient des frères dans ces esclaves à peau noire, et ne craindraient pas de donner leur vie pour la cause de la liberté. Garrison, l'imprimeur indomptable, Dana, Gerritt Smith, bien d'autres encore se laissent abreuver d'outrages, et rien n'a pu dompter leur énergique amour de la race vaincue; le publiciste Bayley, sachant qu'un mot de liberté prononcé devant les opprimés vaut mieux que de grands discours tenus à des hommes libres, installe ses presses dans le Kentucky en plein territoire ennemi, et pendant plusieurs années, aidé de ses nobles fils et de ses ouvriers, repousse les attaques des incendiaires et des assassins; Sumner, indignement insulté et battu comme un esclave en plein sénat, devant les représentans de la république, retourne courageusement à son poste combattre ces ennemis qui, ne pouvant lui répondre, ont voulu le déshonorer ; Thomas Garrett, le quaker héroïque, procure pendant sa vie une retraite, des secours et la liberté à plus de deux mille esclaves fugitifs ; John Brown et ses compagnons luttent noblement et meurent plus noblement encore. Une femme aussi, Mme Beecher Stowe, a pu intéresser le monde entier à la cause du nègre opprimé ; elle a fait pleurer d'innombrables lecteurs, elle a du coup rangé parmi les abolitionistes toutes les femmes, tous les enfans, tous les cœurs accessibles à la pitié. Et que dire de tant d'autres héros aux noms inconnus, qui, au mépris des lois iniques de leur patrie, ont délivré des esclaves, les ont aidés dans leur fuite vers le Canada, les ont défendus au péril de leur vie, et, saisis par les planteurs, ont été pendus à une branche sans autre forme de procès ? Le nombre de ces hommes de cœur a, nous le croyons, beaucoup augmenté dans ces dernières années ; malheureusement il n'est pas encore assez considérable pour constituer un parti, et ceux qui entreprennent la croisade électorale contre l'esclavage, ceux qui nomment la majorité des représentans dans le congrès de Washington et tiennent aujourd'hui le sort de la république entre leurs mains, sont animés en général par des mobiles tout autres que le dévouement et la justice : ils ont en vue leurs intérêts matériels, et non le bonheur des nègres. Dans leurs philippiques contre les habitans du sud, les hommes du nord ne sont pas avares des mots de justice et de liberté ; mais on ne s'aperçoit point que, dans leurs propres états, ils s'efforcent d'élever les nègres à leur niveau. Des prédicateurs de la Nouvelle-Angleterre tonnent du haut de leurs chaires contre le péché de l'esclavage, des poètes marquent dans leurs vers brûlans les ignobles marchands d'esclaves, des comités de dames se réunissent pour lire des brochures abolitionistes, des ouvriers s'assemblent en tumulte pour arracher un esclave fugitif des mains de ses persécuteurs ; mais ces défenseurs si zélés pour la cause de leurs frères asservis dans les plantations lointaines ne se souviennent pas qu'ils ont près d'eux des frères noirs qu'ils pourraient aider et aimer : ils ne peuvent chérir les nègres s'ils n'habitent au sud du 36e degré de latitude.

On l'a vu récemment, lors de la guerre du Kansas entre les planteurs du Missouri et les colons venus de New-York et du Massachusetts. Dans ce nouveau territoire, les hommes de liberté et les hommes d'autorité s'étaient donné rendez-vous en champ clos : l'avenir était aux prises avec le passé, la république démocratique avec la féodalité esclavagiste. Que n'espérait-on pas de cette lutte suprême entre les deux principes, de ce choc entre le bien et le mal ! Enfin les abolitionistes triomphans allaient travailler au bonheur de la race nègre si longtemps sacrifiée, ils allaient fonder un état où la liberté ne serait pas un vain mot, où la justice serait la même pour les hommes de toutes les races, où le soleil luirait également pour tous! La fusion allait s'opérer entre les noirs et les blancs; un refuge s'ouvrait à tous les fugitifs, la liberté conviait tous les esclaves à un banquet fraternel d'amour et de paix. C'était l'attente universelle, et les hommes de progrès tressaillaient d'aise en pensant à la victoire prochaine des abolitionistes de Lawrence et de Topeka. Qu'ont-ils fait cependant? Au lieu de donner des armes aux nègres fugitifs et de leur dire : « Défendez-vous! » ils ont commencé par expulser tous les hommes de couleur qui habitaient le territoire; puis ils ont inscrit en tête de la constitution qu'ils votaient une défense formelle à tout nègre, qu'il fût esclave ou libre, de jamais mettre le pied sur leur territoire. Le blanc seul peut avoir une patrie : peu importe que le noir vive ou meure sur la terre d'esclavage; mais que jamais il ne vienne souiller de sa présence une terre de liberté! Il est vrai que cette décision des *freesoilers* du Kansas n'a pas été acceptée par John Brown, Montgomery et d'autres abolitionistes militans qui ont libéré un grand nombre de nègres missouriens et les ont expédiés vers le Canada; mais elle n'en a pas moins été rendue. Telle a été aussi la décision du nouvel état de l'Orégon, celle de l'Illinois et de plusieurs autres états qui ne manquent jamais d'envoyer au congrès de chauds défenseurs de la liberté. L'Ohio, qui s'était toujours vanté de sa généreuse hospitalité envers les nègres libres, vient de décider, par l'organe de sa cour suprême, que les enfans de couleur ne pourront désormais être admis dans les écoles primaires fréquentées par les blancs. A peine l'état de New-York avait-il donné la grande majorité de ses voix à M. Lincoln dans l'élection présidentielle de 1860, qu'il votait en masse contre la concession du droit de suffrage aux nègres qui ne possédaient pas 150 dollars. Après avoir vu les injustices commises par les esclavagistes contre les nègres, il nous est sans doute réservé de voir celles que commettront les abolitionistes triomphans.

La raison avouée de cette exclusion des noirs est une prétendue incompatibilité entre les hommes des deux races; mais la raison véritable est que les nègres, en offrant leurs bras dans le grand marché du travail, font une concurrence sérieuse aux blancs et déterminent une dépréciation dans le taux des salaires. Quatre millions d'esclaves, mal logés, mal vêtus, mal nourris, produisent le tabac et d'autres denrées à meilleur marché que les agriculteurs du nord ne peuvent les fournir; de même, si des millions de nègres libres étaient admis dans les états du nord, tous les ouvriers blancs devraient immédiatement se contenter pour leur travail d'une rémunération comparativement bien plus faible qu'aujourd'hui : c'en est assez pour que les nègres soient mis au ban de la république. Une seule et même raison, la haine de toute concurrence, rend ainsi les habitans du nord à la fois abolitionistes et *négrophobes.* Que de fois à Cincinnati et dans d'autres grandes villes des états libres les ouvriers blancs se sont mis en grève pour obliger les propriétaires des fabriques ou les entrepreneurs de constructions à renvoyer les nègres qu'ils faisaient travailler! Il en est de même à Saint-Louis, la métropole des états mississipiens et peut-être la future capitale des États-Unis. Dans cette ville, le parti négrophobe ou soi-disant républicain l'emporte d'ordinaire dans les élections municipales; mais, sous prétexte de donner la liberté aux noirs, la plupart des votans n'ont en vue que de les affamer et de les exterminer par la misère. Les planteurs du Missouri, qui, lors de la guerre du Kansas, se sont hâtés de vendre leurs nègres sur les marchés du sud, afin de se prémunir contre l'insurrection de ces esclaves ou l'invasion des bandes de John Brown, sont aussi devenus abolitionistes à leur manière depuis que leur fortune ne repose plus sur le travail servile. N'ayant plus d'esclaves, rien n'est plus naturel pour eux que de se faire les ennemis acharnés de ceux qui en possèdent. Il ne faut donc point s'étonner si beaucoup de nègres intelligens redoutent leurs prétendus libérateurs bien plus encore que leurs maîtres : pour ceux-ci, ils ne sont que hors la loi; pour les hommes du nord, ils sont souvent hors l'humanité.

Aussi la vie du nègre libre dans les états du nord, toujours plus que difficile, est-elle souvent même intolérable. Tandis que la population de couleur augmente dans les états à esclaves avec une rapidité sans égale, elle reste stationnaire ou ne s'accroît qu'avec une extrême lenteur dans la prétendue terre de liberté. Le recensement de l'état de New-York prouve que le nombre des hommes de couleur a diminué de 3,000 en cinq années, de 1850 à 1855, tandis que la population blanche s'élevait de 3 millions à 3,500,000. En même temps la population de couleur se dégradait et s'avilissait par les débauches, s'atrophiait par des maladies de toute espèce. Dans la ville de New-York, qui compte environ 10,000 personnes de couleur, la plupart des hommes de sang mêlé tiennent des cabarets de bas étage, ou bien se promènent sur les quais du port à la recherche de travaux serviles; les femmes, nées et élevées dans les taudis les plus affreux, se livrent à une abjecte prostitution; les enfans, rongés de scrofules et de vermine, sont dès leur naissance de vils parias condamnés à l'infamie. Les noirs et les mulâtres qui exercent une profession régulière dans la grande cité forment au plus la sixième partie de la population de couleur; ils sont presque tous hommes de peine. Les six médecins, les sept instituteurs et les treize pasteurs comptés parmi eux en 1850 exerçaient leur profession uniquement au service de leurs frères de couleur. Dans les autres grandes villes du nord, les Africains, sans être aussi malheureux qu'à New-York, sont en général très misérables. Et pourquoi les noirs des états libres sont-ils ainsi en proie au vice, à la misère et à la maladie, si ce n'est parce que toutes les carrières honorables leur sont fermées et les ateliers interdits? Ils ne peuvent travailler à côté du blanc, monter dans la même voiture, manger à la même table (1), s'asseoir dans la même église pour adorer le même Dieu. Les ministres, qui, du haut de leurs chaires, invoquent le Seigneur en faveur des opprimés de toutes les nations, s'abstiennent, par délicatesse envers les blancs, de dire un seul mot des nègres. Ceux-ci ont des voitures, des églises et des écoles à part. A Boston, capitale de l'abolitionisme, il n'existe qu'une seule école noire, et les enfans de couleur doivent s'y rendre d'une distance de plusieurs kilomètres. Et cependant les gens de sang mêlé ont une telle ambition de se rapprocher des blancs qu'ils fréquentent assidûment les rares écoles ouvertes pour eux, et sont en moyenne plus instruits que les blancs des états du sud (2): mais, en dépit de leurs efforts, ils sont rejetés dans le déshonneur.

Si les états du nord étaient une terre de liberté, comme on se plaît à l'affirmer, on pourrait compter par centaines de mille les esclaves fugitifs. En été, lorsque l'Ohio n'est plus qu'un mince filet d'eau serpentant à travers les galets, tous les esclaves des propriétés de la Virginie et du Kentucky situées sur ses bords pourraient s'enfuir sans difficulté et gagner la terre promise. Ainsi, de proche en proche, le vide se ferait dans les plantations des frontières, et bientôt les planteurs ne pourraient empêcher la désertion qu'en maintenant des armées permanentes; mais les bords de l'Ohio sont gardés par l'égoïsme et l'avidité des riverains bien mieux qu'ils ne le seraient par une armée ou par une muraille de fer. Les nègres n'osent franchir le fleuve, parce qu'au-delà ils s'attendent à ne voir que des ennemis. Quand même les autorités fédérales n'oseraient les poursuivre dans la crainte de se heurter contre le patriotisme chatouil-

(1) On attribue en général au souvenir d'affronts de cette espèce le refus opposé par Kamehameha IV à la ratification du traité de cession des îles Sandwich qu'avait conclu son père. Voyageant dans la république américaine en sa qualité de prince royal, on lui défendit en plusieurs villes de s'asseoir à la même table que les citoyens de l'Union.

(2) D'après le recensement de 1850, sur une population de 196,016 personnes de couleur habitant le nord, 21,043, plus d'un neuvième, fréquentaient les écoles. Pour les blancs du sud, la proportion est de moins d'un dixième. Dans le Massachusetts, la population de couleur envoie aux écoles un sixième de son effectif : c'est dire que les nègres libres de cet état n'ont rien à envier à la Prusse sous le rapport de l'instruction élémentaire.

leux des habitans de l'Ohio, les fugitifs ne sauraient éviter la misère et la faim. Ainsi le point d'appui le plus solide de l'esclavage est le mépris que la grande majorité des soi-disant abolitionistes du nord affichent eux-mêmes pour les nègres. Les planteurs peuvent justement affirmer que leurs esclaves sont mieux soignés, mieux nourris, moins soupçonnés, moins méprisés et matériellement plus heureux que ne le sont les pauvres nègres libres du nord; ils peuvent déclarer, sans crainte d'être contredits, que les propriétaires les plus cruels envers les esclaves, ceux qui exercent leurs prétendus droits de maîtres avec la plus grande rigueur, sont des spéculateurs venus des états *yankees;* ils prouvent aussi que presque tous les négriers sont armés et équipés dans les ports de New-York et de la Nouvelle-Angleterre au vu et au su de tout le monde. Entre les planteurs et la majorité des membres du parti républicain, il n'existe donc pas de lutte de principes, mais seulement une lutte d'intérêts. C'est là ce qui fait la force des esclavagistes : comme le satyre de la fable, ils ne soufflent pas tour à tour le froid et le chaud de leurs lèvres perfides.

Un signe infaillible du mépris dans lequel les gens du nord tiennent la race nègre, c'est qu'on n'entend jamais parler de mariages entre jeunes gens de race différente; l'avilissement dans lequel le mépris public a fait tomber les nègres libres est tel que l'amour lui-même ne peut jamais les relever jusqu'à la dignité d'hommes. Sous ce rapport, la littérature américaine, reflet de la nation qui l'a produite, exprime bien par son silence l'antipathie universelle pour la race déchue. Le roman abolitioniste n'a point encore eu la hardiesse d'unir par les liens de l'amour et du mariage un nègre intelligent, généreux, tendre, éloquent, avec la blanche fille d'un patricien de la république : c'est qu'en effet un semblable mariage serait considéré comme abominable par la morale américaine. Toute femme qui contracterait une semblable union perdrait sa caste comme la fille du brahmine épousant un paria, et bien des années s'écouleront peut-être avant qu'on puisse en citer un seul exemple.

III.

Après avoir indiqué les obstacles qui s'opposent dans l'Amérique du Nord à la réconciliation de la race noire et de la race blanche, il est nécessaire de signaler les faits qui prouvent combien est instable l'équilibre d'une pareille situation et combien l'affranchissement des esclaves devient indispensable sous peine de déchéance et de ruine absolue pour les états du sud. Rien n'atteste mieux les funestes effets de l'esclavage que le contraste offert par les deux moitiés de la république américaine. Les états du sud semblent avoir tout ce qu'il faut pour distancer les états du nord dans la concurrence vers le progrès : terres d'une exubérante fertilité, ports excellens, baies intérieures, fleuves sans pareils, climat agréable, population intelligente. Les créoles sont en général grands, forts, adroits : l'instruction sérieuse et profonde est beaucoup plus rare chez eux que chez leurs compatriotes des états libres; mais ils y suppléent par une grande présence d'esprit, un instinct divinatoire, une remarquable abondance de paroles, de la clarté dans les discussions. La fréquentation des sociétés élégantes développe chez eux l'esprit, l'urbanité et d'autres qualités aimables; l'habitude du commandement leur donne une démarche fière, un port de tête hautain, une manière de s'exprimer mâle et résolue. Comme les Spartiates qui montraient à leurs enfans les esclaves plongés dans l'ivresse, ils s'enorgueillissent en proportion du mépris qu'ils éprouvent pour leurs nègres avilis; ils sont plus grands à leurs propres yeux de toute la distance qui les sépare des êtres qu'ils ont abrutis. Impatiens de contradiction et pointilleux sur les questions d'amour-propre, ils se laissent souvent emporter par la colère, et quand ils croient leur honneur en jeu, ils ne craignent pas d'en appeler au jugement de la carabine ou de l'épée; de là ces scènes de duels, de violence et de meurtres, si fréquentes dans les états du sud. Moins intéressés que les *Yankees*, ils ont pour passion dominante, non l'amour du gain, mais l'ambition du pouvoir, des honneurs, ou bien de ces succès divers qui donnent une réputation dans les salons élégans. Ils se disent et peut-être sont-ils en réalité mieux doués que leurs voisins du nord pour les carrières de la diplomatie et de l'administration. Les présidens de la république ont été pour la plupart choisis parmi eux, et les hauts fonctionnaires nés dans le midi sont beaucoup plus nombreux que le rapport des populations ne pourrait le faire supposer; grâce surtout à la solidarité de leurs intérêts et à leurs immenses richesses, ils se sont graduellement emparés de presque toutes les hautes positions de la république. Si les titres nobiliaires étaient rétablis aux États-Unis, nul doute que les hommes du sud n'en obtinssent la plus grande part. Eux-mêmes, les fils des misérables et des persécutés d'Europe, se disent patriciens et prétendent que leur caste remplace avec avantage l'aristocratie héréditaire de l'ancien continent. Leur richesse, leur influence, le degré de respect qu'on leur accorde n'augmentent-ils pas avec le nombre de leurs esclaves, des boucauts de sucre ou des balles de coton qu'ils expédient? Ne doivent-ils pas en même temps à l'esclavage une grande prépondérance politique, puisque pour chaque nègre ils ont droit à trois cinquièmes de voix en sus de leur propre vote de citoyens?

Avec toutes leurs excellentes qualités, leur intelligence, leur ambition, leurs priviléges politiques, leur esprit de corps, on pourrait croire que les créoles dépassent les *Yankees* en civilisation et réussissent mieux dans les carrières de l'industrie, des lettres ou des arts. Il n'en est rien cependant, et l'on peut s'étonner à bon droit du néant de cette société qui possède de si magnifiques élémens de progrès. C'est l'arbre immense, à la puissante écorce, mais intérieurement tout rongé par les vers. Malgré leur vaste territoire (1), malgré le grand nombre d'hommes intelligens qui les représentent, les états du sud reçoivent en toutes choses l'impulsion; ils obéissent au contre-coup des mouvemens politiques, religieux et industriels du nord. Presque tous les écrivains, tous les artistes des États-Unis sont nés dans les provinces septentrionales ou du moins y viennent résider; sur sept inventions ou perfectionnemens soumis au bureau des brevets, six sont dus à des industriels *yankees*.

Afin de prouver l'incontestable supériorité des états libres sur les états à esclaves, il ne sera pas inutile de donner ici quelques résultats statistiques, malheureusement déjà anciens, puisque le dernier recensement publié date de l'année 1850. En 1790, le nord avait une population de 1,968,455 habitans, et la population du sud était de 1,961,372 âmes; l'égalité était donc presque complète entre les deux sections de la république. En 1850, les états à esclaves, auxquels s'étaient ajoutés dans l'intervalle la Louisiane, la Floride et le Texas, avaient une population de 9,612,769 habitans, dont 6,184,477 libres, tandis que les états du nord, sans aucun accroissement de territoire, offraient déjà une population de 13,434,922 hommes libres. La moyenne des habitans était, au nord, de 9 par kilomètre carré; au sud, elle était deux fois moindre. Les statistiques prouvent aussi que le travail soi-disant gratuit des esclaves est au contraire plus cher que celui des hommes libres, puisqu'à égalité de dépenses il produit beaucoup moins. Ainsi l'hectare de terre cultivée (*improved*) vaut dans le nord de trois à quatre fois plus que dans le sud; bien que les états à esclaves possèdent un territoire essentiellement agricole, les terrains cultivés y représentent une valeur de 5 milliards 1/2 seulement, tandis que les cultures des états libres sont évaluées à 10 milliards 700 millions. Pour les manufactures, l'écart est encore bien plus considérable: le capital industriel du sud s'élève à 500 millions à peine, tandis que celui du nord atteint environ 2 milliards 1/2; les manufactures du seul état de Massachusetts dépassent en importance celles de

1. La superficie des états à esclaves est de 2,184,399 kilomètres carrés, tandis que les états libres, y compris la Californie, ont une surface de 1,586,602 kilomètres carrés, les trois quarts seulement de celle des états du sud.

tous les états à esclaves réunis. De même aussi le tonnage des navires appartenant aux armateurs du Massachusetts est plus considérable que le tonnage de toute la flotte commerciale du sud; l'état du Maine construit quatre fois plus de navires que tous les habitans riverains des côtes méridionales, et New-York à lui seul fait un commerce extérieur deux fois plus important que celui de tous les états à esclaves réunis; quant au trafic intérieur, il est favorisé dans le nord par quatre fois plus de lignes ferrées que dans le sud. Supérieurs par le travail et tous les produits du travail, les Américains des pays libres sont également supérieurs par l'instruction : ainsi, en l'année 1850, les écoles du nord étaient fréquentées par 2,769,901 enfans, celles du sud par 581,861 élèves, cinq fois moins environ ; le nombre de ceux qui ne savaient pas lire était, au sud, d'un habitant sur 12 ; en-deçà de l'Ohio, elle était d'un sur 53. Le seul état de Massachusetts publiait presque autant de journaux et de livres que tous les états méridionaux réunis. D'ailleurs la supériorité du territoire de la liberté sur celui de l'esclavage est bien indiquée par la direction du courant d'émigration qui se porte d'Europe aux États-Unis. À peine quelques milliers d'hommes débarquent-ils chaque année à la Nouvelle-Orléans, et le plus souvent ils ne font que traverser cette ville pour remonter au nord vers Saint-Louis, Saint-Paul ou Chicago.

Quelle ne serait point encore cette infériorité des états à esclaves, si les planteurs n'avaient pas le monopole de la fibre végétale si essentielle à la prospérité industrielle et commerciale de l'Angleterre ! Mais ils n'ont pas fait un pacte avec la fortune, et tôt ou tard leur pays peut cesser d'être le seul grand marché producteur du coton. *Cotton is king!* disent orgueilleusement les propriétaires d'esclaves, et tant que le coton nous appartiendra, nous dicterons nos conditions à nos acheteurs, nous serons les souverains commerciaux de l'Angleterre. Le coton, il est vrai, n'est pas le produit agricole le plus important du territoire si fertile de la république : il vient après le maïs, le foin et le blé, que l'on cultive surtout dans les états du nord, il n'occupe environ que le dix-huitième des campagnes mises en culture; mais les planteurs américains n'en ont pas moins le monopole de ce produit, et ils gouvernent le marché du monde; les quatre cinquièmes de leur récolte s'exportent en Europe, et les cinq septièmes environ en Angleterre (1). Tous les autres pays producteurs de coton, les Indes orientales et occidentales, le

(1) L'Amérique expédie en moyenne chaque année au royaume-uni deux millions de balles de coton pesant 580 millions de kilogrammes et représentant une valeur de 750 millions de francs. Ces deux millions de balles de coton sont transformés par quinze cent mille ouvriers en marchandises d'une valeur de 4 milliards de francs.

Brésil, l'Égypte, les côtes de Guinée, fournissent aux industriels anglais à peine un cinquième de ce que leur expédient les seuls planteurs des États-Unis; un douzième seulement provient des colonies anglaises. Qui ne voit pourtant sur quelles bases fragiles repose cette supériorité des producteurs américains? Qu'une insurrection servile redoutée à bon droit vienne à éclater, et les champs restent incultes, la graine de coton laisse envoler son duvet à tous les vents; les mille grands navires qui transportaient la précieuse fibre restent inactifs dans les ports; les fabriques anglaises, ruches immenses où bourdonnaient des cent mille ouvriers, sont en un instant désertes; cinq millions d'êtres humains qui vivent directement ou indirectement de la fabrication du coton sont jetés en proie à la famine; les banques se ferment comme les usines, les fortunes les mieux établies s'écroulent, le pain du pauvre et les millions du riche s'engouffrent en une même banqueroute. Dans le monde entier, le commerce et l'industrie s'arrêtent, et des années s'écoulent peut-être avant que les peuples n'aient repris leur équilibre.

Heureusement les Anglais connaissent le danger et mettent tout en œuvre pour le conjurer. C'est pour assurer à leur patrie de nouveaux marchés producteurs qu'ils travaillent avec une activité fébrile à la construction des chemins de fer de l'Hindoustan, que la *Pleiad* a remonté le Niger et la Tchadda, que Livingstone pénètre dans l'intérieur de l'Afrique. Il faut qu'une moitié de l'univers, les rayas de l'Inde, les colons de Queensland, les nègres encore barbares du Zambèze et du Shirwa, les sujets du roi de Dahomey, les fellahs d'Égypte, les Siciliens et les Napolitains, qui viennent à peine de secouer le joug, il faut que tous cultivent le précieux cotonnier; sinon l'Angleterre est à la merci d'une insurrection d'esclaves, elle est chaque jour à la veille de sa ruine. Si les Anglais, avec leur indomptable énergie et leur merveilleux esprit de suite, atteignent le but qu'ils se proposent, s'ils réussissent à créer aux quatre coins du monde des marchés producteurs de coton, s'ils parviennent surtout à remplacer avantageusement le coton par quelques-unes de ces fibres textiles que produisent les Indes, alors ils suspendront à leur tour sur la tête des planteurs une menace de ruine et de désolation. Or, si les propriétaires d'esclaves en arrivent à ne plus vendre leurs produits, « si la valeur du travail servile se réduit à néant, l'émancipation devient inévitable. » C'est un gouverneur de la Caroline du sud, M. Adams, qui s'exprime ainsi.

On a vu que toute insurrection spontanée de la part des esclaves est très improbable; mais si quelque étincelle partie du Kansas devait allumer une guerre de frontières, les dangers des planteurs augmenteraient journellement. Les esclaves fugitifs, aujourd'hui traqués dans les forêts, les milliers de nègres libres exilés dans les états du nord pourraient se réunir, s'organiser en corps francs, et, suivant le plan de John Brown, se jeter dans les défilés des Alleghanys, ces chaînes parallèles qui traversent les états à esclaves du nord au sud sur une longueur de 3,000 kilomètres et par leur sextuple muraille partagent l'empire des planteurs en deux régions distinctes. Fortifiés dans ces citadelles de rochers, les nègres donneraient asile à tous les mécontens, recruteraient leur armée parmi ces deux cent mille affranchis que l'inflexible cruauté des législateurs du sud a condamnés à un nouvel esclavage, organiseraient leurs bandes d'invasion, et bientôt, grâce à la contagion de l'exemple, si facile à déterminer chez la race nègre, soulèveraient la plus grande partie de la population esclave. Quelques mois suffiraient pour changer les serviteurs doux et tranquilles en ennemis implacables; les maîtres, confians la veille, se réveilleraient au milieu des flammes de l'incendie, ils ne se trouveraient plus en présence d'esclaves, mais en face d'hommes libres, et des deux côtés la guerre deviendrait une guerre d'extermination. Et quand même l'insurrection ne se propagerait pas et se bornerait à des incursions sur les frontières, l'institution de l'esclavage n'en serait pas moins gravement compromise. Lorsque les campagnes sont ravagées par l'ennemi, lorsque les travaux paisibles des champs sont forcément interrompus, lorsque les fortunes périclitent ou changent de mains, les nègres, qui font eux-mêmes partie de la fortune immobilière et sont une simple dépendance du sol, perdent leur valeur, et le maître obéit à son intérêt, qui lui commande impérieusement de s'en débarrasser, afin de ne pas augmenter ses charges tout en augmentant les dangers de sa position. C'est pour cette raison que, pendant les guerres civiles de l'Amérique espagnole, presque tous les noirs ont été libérés. Quand la terre est en friche, l'esclave est libre. Les planteurs le savent; ils savent que le moindre soulèvement les menace de ruine, ils n'oublient point que la tentative de John Brown, tentative qui n'a pas même réussi à provoquer une insurrection, a coûté près de 5 millions à l'état de la Virginie. Pour conjurer le danger, ils redoublent de sévérité, et par cela même s'exposent encore davantage; leurs terreurs ne peuvent servir qu'à augmenter l'audace des esclaves. Ils tournent dans un cercle vicieux. La paix est absolument nécessaire à leur salut, et afin de conserver cette paix, ils sont obligés de prendre des mesures tellement violentes, que l'insurrection devient de jour en jour plus inévitable. Avec quel effroi ne doivent-ils pas envisager ce peuple d'esclaves qui multiplie si rapidement, qu'avant la fin du siècle il comptera peut-être vingt millions d'hommes!

Désormais tous les progrès que les états du sud pourront réaliser tourneront fatalement contre les esclavagistes. Ainsi le lancement des bateaux à vapeur sur tous les cours d'eau, la construction des chemins de fer et la suppression des distances, qui en est la conséquence inévitable, rendent les voyages toujours plus nécessaires au planteur ; malgré lui, il se voit souvent obligé d'emmener quelques esclaves et de mobiliser ainsi ces *immeubles*, qui devraient rester attachés au sol. En suivant son maître, le pauvre Africain voit de nouveaux pays ; son intelligence et sa curiosité s'éveillent, il peut rencontrer des esclaves mécontens, des nègres qui ont autrefois connu la liberté ; il entend, sans en avoir l'air, les discussions orageuses qui roulent sur la terrible question de l'esclavage, il recueille comme une perle précieuse un regard de commisération jeté sur lui par un voyageur européen. Aussi bien que la facilité sans cesse croissante des déplacemens, l'industrie commence à détacher çà et là les esclaves de la glèbe. On construit des fabriques dans les états du sud, le Kentucky, la Georgie, le Tennessee. En outre, l'agriculture se rapproche de plus en plus de l'industrie, l'emploi des grandes machines agricoles se généralise, des usines considérables s'élèvent au milieu de toutes les principales plantations du sud. Dans le sillon, l'esclave n'est qu'une partie de la glèbe qu'il cultive ; en devenant ouvrier, mécanicien, il monte en grade, il se mobilise un peu. Fréquemment loué par son maître à un autre planteur ou à quelque industriel, il essaie de se retrouver lui-même dans ce changement de servitude, il élargit un peu le cercle de ses idées, et l'horizon s'étend devant ses yeux. Au champ, il ne voyait travailler autour de lui que ses compagnons d'esclavage, tandis que dans l'usine il se trouve forcément en contact avec des blancs qui travaillent comme lui, il établit plus facilement la comparaison entre ces hommes superbes et sa propre personne ; les vues ambitieuses, le désir de la liberté germent plus aisément dans son esprit. Quand il conduit la locomotive fumante et lui fait dévorer l'espace, il est impossible qu'il ne se sente pas fier de pouvoir dompter ce coursier farouche ; il n'est plus un bras, — une main (*hand*), comme disent les planteurs, — il est aussi une intelligence et peut se dire l'égal de tous ces blancs qu'emporte le convoi roulant derrière lui. Ainsi les propriétaires d'esclaves font preuve d'inintelligence politique quand ils s'applaudissent de voir des chemins de fer se tracer, des fabriques s'élever dans leurs états : ils ne comprennent pas que l'industrie, en mobilisant et en massant les travailleurs, les rend beaucoup plus dangereux qu'ils ne l'étaient épars dans les campagnes. Les progrès envahissans du commerce menacent également les planteurs en arrachant à la glèbe un grand nombre d'esclaves. Afin de prévenir ce danger, il est interdit à tout blanc d'employer en qualité de commis un nègre ou une personne de couleur esclave ou libre; mais cette défense est sans cesse violée par les intéressés : le commerce et l'industrie ne peuvent être arrêtés par les lois, ils marchent sans cesse, irrésistibles, inexorables, apportant avec eux l'émancipation des hommes.

Les nègres aussi apprennent chaque jour davantage : c'est là le fait le plus fécond en résultats importans. Par leur cohabitation forcée avec des hommes plus intelligens qu'eux, ils apprennent, ils étudient, ils se préparent à une forme de civilisation supérieure; il se peut même qu'au point de vue moral le spectacle d'un peuple libre contre-balance chez eux les effets délétères de la servitude. Malgré les lois sévères qui défendent d'enseigner la lecture à un esclave, le nombre de ceux qui savent lire augmente incessamment. Ici c'est un nègre intelligent qui, ayant trouvé le moyen d'apprendre à lire dans une ville du nord, enseigne ce qu'il sait à tous ses compagnons de travail. Ailleurs c'est une jeune créole qui, dans ses momens d'ennui, se donne innocemment le plaisir de montrer l'alphabet à sa domestique favorite, de même qu'elle fait répéter de jolies petites phrases à son perroquet. Ailleurs encore c'est un maître, imbu de principes d'humanité supérieurs à ceux de ses voisins, qui veut s'attacher fortement ses esclaves en les élevant à la dignité d'hommes, et viole ouvertement la loi en leur donnant une véritable instruction. Ainsi l'évêque Polk, propriétaire de plusieurs centaines d'esclaves groupés sur une des plus magnifiques plantations de la Louisiane, a fait enseigner la lecture à tous ses nègres, au grand scandale de tous ses confrères, planteurs expérimentés.

J'ai vu dans une des plantations du sud un type remarquable de ces nègres qui ont su acquérir une grande influence sur leurs compagnons, et, le jour d'une révolte, seraient certainement proclamés rois par la foule des esclaves. Pompée avait des formes athlétiques, et sans peine il soulevait l'enclume de sa forge; mais il était d'une douceur à toute épreuve, et, comme un lion conduit en laisse, obéissait sans hésitation à tous les ordres de sa femme. Il avait pourtant conscience de sa force physique et de sa valeur morale, mais il n'en abusait jamais, et, se contentant de donner des conseils à ses camarades, il ne les dirigeait que par la persuasion. La nécessité de ruser avec ses maîtres pour se garantir des coups de fouet lui avait donné une figure pateline et des paroles mielleuses lorsqu'il se trouvait en présence d'un blanc; mais avec les siens il devenait lui-même et reprenait sa physionomie franche et ouverte. Homme d'une grande intelligence et d'une merveilleuse force de volonté, il avait appris à lire tout seul en étudiant la forme des lettres gravées par l'économe sur les boucauts de sucre et en épelant les noms peints sur les tambours des bateaux à vapeur qui descendent et remontent le Mississipi. Devenu assez habile pour lire couramment, il avait pu se procurer une bible par l'intermédiaire d'un colporteur, et il passait une partie de ses nuits à donner des leçons de lecture aux autres nègres et à leur tenir des discours révolutionnaires appuyés sur l'autorité du texte redoutable. Surpris deux fois et deux fois fustigé, il avait vu sa bible disparaître dans les flammes, brûlée par la main du maître; mais il avait su s'en procurer une autre, et son œuvre de propagande n'avait rien perdu de son activité. Pompée étant un de ces nègres rares qui savent un grand nombre de métiers et travaillent également bien dans les champs, dans un atelier ou dans une usine, le maître n'avait pas eu le courage de s'en défaire, mais il ne perdait jamais une occasion de l'humilier aux yeux des autres nègres. L'esclave recevait tous les châtimens avec un visage impassible, et si quelque pensée de vengeance s'agitait dans son cœur, il savait bien la cacher à tous les yeux. Ce sont des nègres comme Pompée qui disent à leurs compagnons d'esclavage de se tourner vers le nord, d'où viendra la liberté. Malgré la bonne garde qu'on fait autour d'eux, ils apprennent, on ne sait comment, tous les détails de la lutte qui existe entre le nord et le sud; ils connaissent le nom de John Ossawatomie Brown, et répètent à leurs enfans qu'avant de monter à l'échafaud, le héros se pencha sur le nourrisson d'une esclave pour lui donner son dernier baiser.

Parmi les dangers qui menacent l'institution de l'esclavage, il en est qui viennent des planteurs eux-mêmes, et ce ne sont pas les moins redoutables. Le rétablissement de la traite crée des intérêts tout à fait différens aux propriétaires de la Virginie, du Maryland, du Kentucky, et à ceux des états méridionaux. De là une cause grave de dissentimens et la principale raison de la scission opérée entre les deux grands partis esclavagistes : les démocrates modérés et les mangeurs de feu (*fire-eaters*). Les planteurs de la Louisiane, de la Georgie, de la Floride, exigent le rétablissement officiel de la traite, qui leur donnera des nègres à 200 ou même à 150 dollars par tête. Les Virginiens au contraire voudraient continuer à vendre leur marchandise humaine à un prix dix fois plus élevé. Si la traite recommence sur une grande échelle, ils sont obligés de vendre leurs nègres à perte; ils ne peuvent plus soutenir la concurrence commerciale ni avec les états libres ni avec les états à esclaves, et l'aristocratie virginienne est forcée de laisser le champ libre aux abolitionistes. En prévision de la baisse inévitable du prix des nègres, l'exportation humaine du Missouri, du Kentucky, de la Virginie et des autres états éleveurs fait diminuer sans cesse la population noire au profit de la population blanche, et tend de plus en plus à transformer ces pays en états libres. Déjà plusieurs cantons virginiens, limitrophes de la Pensylvanie et de l'Ohio, tels que l'important district de Wheeling, ne possèdent plus un seul nègre. Lors des récentes élections, le parti républicain fut sur le point de l'emporter dans l'état à esclaves du Delaware.

S'ils perdent ainsi un terrain considérable du côté du nord, les planteurs peuvent-ils du moins espérer l'extension de leur domaine vers l'ouest et vers le sud? Une des nécessités vitales de l'esclavage est d'accroître son empire; les propriétaires de nègres ne peuvent jouir en paix de leur autorité qu'à la condition de faire participer à leurs vues un nombre d'hommes toujours plus considérable. Pendant plusieurs années, tout leur a souri : ils ont annexé le Texas, le Nouveau-Mexique; ils ont fait voter la loi sur l'extradition des nègres fugitifs; ils ont, en violation du compromis, engagé la lutte du Kansas. Là s'est arrêté leur triomphe. Par trois fois ils ont fait attaquer l'île de Cuba, qui leur semble devoir être plus sûre dans leurs mains que dans celles de l'Espagne; mais leurs attaques ont misérablement échoué, et les maîtres espagnols, menacés dans leur indépendance nationale et dans leurs propriétés, seront peut-être obligés de se faire abolitionistes à leur tour. Les esclavagistes font aussi menacer les Antilles libres par leurs journaux, et déclarent qu'à la première guerre ils donneront aux noirs de ces îles à choisir entre l'esclavage et la mort (1); mais la république d'Haïti, qui depuis plus d'un demi-siècle préparait le pénible enfantement de sa liberté, entre maintenant dans une ère de progrès, et forme avec les autres Antilles libres un double rempart d'îles et d'îlots opposant une barrière infranchissable à la propagation de l'esclavage américain. Bien souvent aussi les propriétaires d'esclaves ont réclamé l'annexion du Mexique et de l'Amérique centrale, où trente millions de nègres au moins pourraient travailler au profit de maîtres blancs. En annexant ces contrées, les esclavagistes y ramèneraient à la fois la paix et la servitude, comme ils l'ont fait dans le Texas; ils formeraient un vaste empire qui leur donnerait la clé de deux continens et la suprématie sur deux mers; du haut de leur citadelle de l'Anahuac, ils pourraient longtemps braver toutes les attaques de la liberté. Malheureusement pour eux, le flibustier Walker n'a point réussi dans son entreprise de conquête, souvent réitérée, et, malgré leurs dissensions intestines, les huit millions de Mexicains se refusent unanimement à l'introduction des esclaves. En outre les puissans états libres de la Californie et de l'Orégon, fondés sur les rivages

____

(1) *New-Orleans Daily Delta.*

du Pacifique, rétrécissent encore le cercle de feu autour du territoire de l'esclavage.

Ce serait une erreur de croire que les adversaires des planteurs
habitent seulement les états du nord, les Antilles et l'Amérique espagnole ; les ennemis les plus redoutables de l'*institution domestique* résident dans les états à esclaves, à côté même des plantations, et leur silence contenu les rend d'autant plus dangereux. Les
quatre millions d'esclaves de la république appartiennent à trois
cent cinquante mille propriétaires environ (1), c'est-à-dire à une
infime minorité des habitans du sud, et ce nombre reste stationnaire ou même tend à diminuer, tandis que la population noire et
celle des *petits habitans* augmentent chaque année dans une très forte
proportion. La valeur des esclaves de prix s'élève tellement que les
riches seuls peuvent en faire l'acquisition ; les propriétaires moins
favorisés achètent quelques travailleurs de rebut, et les produits
qu'ils obtiennent se ressentent nécessairement de leur pauvreté,
car les cultures industrielles de l'Amérique demandent, comme nos
fabriques d'Europe, un nombre considérable de bras. Après une
lutte ruineuse, les petits cultivateurs sont donc obligés de vendre
esclaves et champs et de se ranger parmi les prolétaires. Tandis
que dans le nord les propriétés se multiplient à l'infini comme en
France, les vastes domaines du sud tendent à s'agrandir de plus
en plus, et les petits habitans sont obligés les uns après les autres
de reculer devant les riches planteurs, suivis de leurs troupeaux de
noirs. L'institution de l'esclavage produit aux États-Unis les mêmes
résultats sociaux que le majorat en Angleterre. A peine la culture
a-t-elle eu le temps de conquérir le sol des terres vierges que déjà
les petites fermes sont absorbées par les grandes propriétés féo-
dales. Dans la plupart des comtés agricoles, la population blanche
diminue constamment pendant que la population noire augmente,
et l'on cite un propriétaire possédant à lui seul un peuple de huit
mille esclaves. La remarque si vraie de Pline, *latifundia perdidere
Italiam*, menace de s'appliquer un jour parfaitement aux états du
sud.

Dépouillés de la terre, les petits habitans tombent dans une situation déplorable. Ils sont libres, ils sont citoyens, ils peuvent être
nommés à toutes les fonctions publiques, ils ont le droit inaliénable
de molester les nègres libres, mais ils sont pauvres et comme tels
méprisés. Aucune expression ne saurait rendre le superbe dédain

(1) En 1850, le nombre des propriétaires d'esclaves s'élevait à 347,000 ; mais la plupart ne possédaient que deux ou trois nègres. Les grands planteurs, ceux qui ont un
camp ou hameau peuplé d'esclaves, à côté de leurs demeures, étaient au nombre de
91,000 seulement.

avec lequel les créoles louisianais parlent des *Cadiens*, pauvres blancs ainsi nommés parce qu'ils descendent des Acadiens exilés dont Longfellow a conté la touchante histoire dans son poème d'*Evangeline*. D'autres, auxquels on donne à tort le même nom, sont les petits-fils des esclaves blancs, pour la plupart d'origine allemande, qu'on vendait autrefois sur les marchés du sud. Les Cadiens habitent des cabanes assez misérables; ils n'osent pas travailler la terre, de peur de se ravaler au niveau des nègres, et par un amour-propre mal placé, mais bien naturel dans un pays d'esclavage, ils cherchent à prouver la pureté de leur origine par la paresse la plus sordide. Cependant ils n'échappent pas au mépris des nègres eux-mêmes, qui voient la pauvreté de ces blancs avec une satisfaction contenue. Ainsi condamnés à l'oisiveté par leur dignité de race, placés entre le mépris des grands propriétaires et celui des esclaves, ces petits habitans ont l'âme rongée par l'envie et nourrissent contre les planteurs une haine implacable, à demi cachée sous les formes d'une obséquieuse politesse. Plusieurs même ne craignent pas d'exprimer hautement leurs vœux en faveur d'une insurrection d'esclaves, et ceux d'entre eux qui émigrent dans les états du nord deviennent les ennemis les plus acharnés de l'esclavage, non par amour des noirs, mais par haine des maîtres; c'est même en partie à l'opposition de ces plébéiens que l'état du Missouri doit le fort parti abolitioniste qui balance dans la législature le pouvoir des planteurs patriciens. Les riches propriétaires du sud n'ignorent point qu'ils ont tout à craindre de cette plèbe envieuse qui voit passer avec dépit leurs fastueux équipages; mais les institutions républicaines des états et la crainte d'une insurrection immédiate les empêchent de prendre des mesures pour éviter le danger. Quoi qu'ils fassent, ils ne sauraient trop redouter l'avenir, car, dans les états du sud, six millions de blancs, loin d'avoir aucun intérêt à maintenir l'esclavage, ont leur politique toute tracée dans le sens contraire : sous peine de devenir esclaves eux-mêmes, il faut qu'ils résistent aux empiétemens des trois cent cinquante mille propriétaires féodaux, ou bien qu'ils abandonnent leur patrie. N'osant résister, nombre d'entre eux préfèrent s'exiler. Le recensement de 1850 a montré que 609,371 hommes du sud étaient venus s'établir dans le nord, tandis que seulement 206,638 personnes nées dans les états libres avaient émigré vers le sud; eu égard à la différence des populations respectives, c'est dire que la terre d'esclavage repousse hors de son sein six fois plus de blancs qu'elle n'en attire. Les planteurs font le vide autour d'eux, tandis que la liberté entraine dans son tourbillon tous les hommes de travail et d'intelligence.

On se demande avec anxiété si la scission depuis si longtemps annoncée par les états à esclaves et faite en partie par la Caroline du sud deviendra définitive, ou bien si tout se bornera de la part des esclavagistes à de vaines redomontades. Nous doutons fort qu'une scission politique sérieuse puisse avoir lieu, car les états du sud, auxquels ne s'allieraient en aucun cas les républiques du centre, le Kentucky, le Maryland, la Virginie, sont trop faibles et trop pauvres pour se passer de leurs voisins du nord. Quand même ils sauraient improviser un budget, une armée disciplinée, une flotte commerciale, une marine de guerre, sauraient-ils se donner l'industrie qui leur manque? sauraient-ils se créer les innombrables ressources qu'ils doivent aujourd'hui à l'esprit ingénieux des *Yankees?* sauraient-ils même se nourrir sans les farines, le maïs, la viande que leur expédient les villes du nord? Une scission politique et commerciale absolue, celle que les Caroliniens du sud font semblant de proclamer, serait immédiatement suivie d'une effroyable famine.

Mais que la séparation entre les deux groupes d'états soit ou ne soit pas officiellement proclamée dans un avenir plus ou moins rapproché, on peut dire que la scission existe déjà. Les deux fractions ennemies n'ont plus rien de commun, si ce n'est le souvenir des guerres glorieuses de l'indépendance, les noms immortels de Washington et de Jefferson, les grandes fêtes nationales et l'orgueilleuse satisfaction de porter le nom d'Américains. L'opposition des intérêts les sépare, les défis se croisent sans cesse au-dessus des eaux de l'Ohio et du Missouri; des bandes, armées par chaque parti, ont fait du Kansas un champ de bataille; le sang coule dans les plantations du Texas; cent mille hommes de couleur, chassés de leur patrie, prennent le chemin de l'exil; des boucaniers organisent la chasse au nègre ou même au blanc, et plus d'une fois des enfans de race anglo-saxonne ont été vendus sur les marchés du sud; les faits de meurtre, de vol, de rapine, se succèdent sans interruption, et l'esprit public est toujours tenu en haleine par quelque horrible aventure. Telle est la paix qui règne entre les habitans du nord et ceux du sud. Les législatures elles-mêmes, peu soucieuses de leur dignité, s'envoient défis sur défis. Le gouverneur de la Georgie propose de considérer comme nulles les dettes que des Georgiens pourraient contracter envers des citoyens d'un état libre où des abolitionistes se seraient rendus coupables d'une abduction d'esclave. La législature de la Louisiane vote ironiquement la déportation, dans l'état abolitioniste du Massachusetts, de tous les nègres convaincus de meurtre. Pendant le procès de John Brown, de nombreux esclavagistes, — parmi lesquels une femme, — réclament la faveur de servir de bourreau, et divers états du sud se disputent à l'envi le privilége de fournir le chanvre qui pendra l'abolitioniste vaincu; la Caroline du sud remporte le prix et s'en fait gloire. En Virginie, une convention s'assemble pour délibérer sur le genre de vengeance qu'il s'agit d'exercer contre les états républicains. Les gouverneurs de l'Ohio et de la Virginie, MM. Chase et Wise, menacent de se déclarer la guerre pour leur propre compte. Dans le sud, les employés de la poste, obéissant à la circulaire du directeur-général Holt, refusent d'expédier et brûlent même les exemplaires des ouvrages abolitionistes qu'ils reçoivent. Des assemblées de planteurs réclament tumultueusement l'expulsion de tous les étrangers, quelles que soient leur origine et leurs occupations, la cessation totale du commerce avec les états du nord, la rupture sociale absolue avec ces compatriotes ennemis. Un des principaux journaux de la Virginie offre 25 dollars par tête de membre abolitioniste du congrès et 50,000 dollars pour celle du sénateur Seward; des assemblées publiques, des comités de vigilance des Carolines, de la Louisiane, du Mississipi, mettent également à prix les têtes de leurs ennemis les plus redoutés; un gouverneur même, M. Lumpkin, de la Georgie, offre 5,000 dollars pour *un certain* Garrison, éditeur du journal *the Liberator*. Dernièrement à Richmond, la foule essaie de saisir le correspondant du journal la *Tribune* jusque dans le cortége du prince de Galles. Bien plus, le principal organe de la Virginie, le *Richmond Enquirer*, au risque d'être signalé comme ouvertement coupable de haute trahison envers la patrie, propose une alliance offensive et défensive avec la France contre les états du nord; il ne doute pas qu'en échange de la liberté absolue du commerce, la France ne consente à prêter sa flotte et ses armées pour le maintien de l'esclavage! De leur côté, le Massachusetts et neuf autres états libres votent solennellement des lois qui abrogent celle du congrès sur l'extradition des esclaves fugitifs, et punissent de deux à quinze ans de prison et de 1,000 à 5,000 dollars d'amende tout officier fédéral coupable d'avoir fait exécuter la loi de la république. Le congrès lui-même est un champ clos où les partis ne s'occupent que de la question qui les divise, écartent toute discussion qui n'a pas rapport à ce redoutable fait de l'esclavage, laissent en souffrance les services publics, et parfois même n'ont pas le temps de voter le budget fédéral. Dans le sénat, un membre de ce corps auguste frappe un abolitioniste à coups de bâton et le renverse aux applaudissemens sauvages de ses amis, puis il donne fièrement sa démission et revient siéger triomphalement, réélu par acclamation. La scission, même avouée, pourrait-elle être plus complète, et la Caroline du sud avait-elle besoin de déchirer le drapeau fédéral?

Tout semble donc annoncer que la crise dont nous venons de montrer la gravité approche de son dénoûment. Espérons que la réconciliation s'opérera par des moyens pacifiques. Déjà dans les républiques hispano-américaines l'union s'est accomplie entre les trois races; le blanc, le rouge, le noir, et les innombrables métis issus de leurs croisemens sont frères et concitoyens; les indigènes jadis maudits et les conquérans qui s'étaient arrogé la spéciale bénédiction du ciel se sont réconciliés, et ne forment plus qu'un peuple turbulent, comme le sont tous les peuples jeunes, mais plein d'avenir et d'espérances. Et cependant ces sociétés latines ont, comme la société anglo-américaine, inauguré leur vie politique par l'extermination des peaux-rouges et la mise en servitude des noirs d'Afrique. N'est-il pas légitime d'espérer que les états du sud finiront par suivre ce noble exemple?

Une fois vaincu, l'esclavage laissera le champ libre à l'esprit intrépide et victorieux qui a rendu les républiques de la Nouvelle-Angleterre si justement chères aux amis de la civilisation. Alors l'arbre de liberté portera ses fruits, et le monde verra ce que peut réaliser dans les sciences, les arts et l'économie sociale une république vraiment démocratique lancée dans la voie des améliorations de toute espèce avec cette fougue qui distingue le génie américain. Il serait difficile déjà de trouver dans aucune autre partie de la terre des sociétés moralement supérieures à celles du Vermont, du Massachusetts, du Rhode-Island, du New Hampshire. La majorité des hommes qui les composent ont la conscience de leur liberté et de leur dignité; l'instruction est générale, l'esprit d'invention est surexcité au plus haut degré, l'amour des arts se développe, toute œuvre recommandable est soutenue avec une générosité sans exemple; le progrès en toutes choses est devenu le but général. Et ce que la liberté a produit dans ce coin de la terre, elle le produira, nous n'en doutons pas, dans la vaste république anglo-saxonne, lorsque le crime de l'esclavage sera expié, et que le noir, enfin délivré de ses chaînes, pourra presser dans sa main la main de son ancien maître.

ÉLISÉE RECLUS.

LES

NOIRS AMÉRICAINS

DEPUIS LA GUERRE

I.

LES PARTISANS DU KANSAS. — LES NOIRS LIBRES DE BEAUFORT.

I. *Les États-Unis d'Amérique en 1863,* par M. Bigelow, Paris 1863. — II. *La Terreur blanche au Texas et mon évasion,* par M. J.-C. Houzeau, membre de l'académie de Belgique, Bruxelles 1862. — III. *The Freed men of South Carolina,* by J. M. Mac Kim, 1862. — IV. *Official reports on the Negroes of South Carolina,* by Edward Pierce, 1862. — V. *The Slave Power; its character, career and probable designs,* by J. E. Cairnes, London 1862.

Dans l'histoire des hommes aussi bien que dans celle de la terre, ce ne sont pas les mouvemens brusques et violens qui produisent les résultats les plus considérables : les modifications lentes et souvent inaperçues ont une bien plus haute importance. Comme les lois mêmes de la nature, ces évolutions graduelles de l'humanité se cachent sous la variété des faits qui constituent l'histoire apparente, et de longues années s'écoulent avant qu'on en apprécie la véritable signification. C'est à distance seulement qu'on peut les comprendre dans toute leur grandeur. Les simples accidens de la vie des peuples, les rébellions, les guerres, les péripéties sanglantes des batailles empêchent de voir les transformations profondes que subit la société tout entière. Ainsi, dans l'histoire des choses qui se sont accomplies en Amérique pendant les deux dernières années, les

massacres de Bull's Run, le combat du *Merrimac* et du *Monitor*,
la prise de la Nouvelle-Orléans, le siége de Vicksburg occupent une
beaucoup plus large place que la fuite silencieuse de milliers d'esclaves et l'abolition graduelle de la servitude africaine. On ne saurait s'en étonner : le spectacle d'hommes qui s'entr'égorgent offre
un poignant intérêt qui satisfait je ne sais quel instinct barbare et
le besoin d'émotions violentes. D'ailleurs les alternatives de la lutte
ne demandent pour être comprises aucun effort intellectuel, tandis
que les évolutions progressives de la société, embrassant à la fois
le passé et l'avenir, doivent être étudiées avec un esprit philoso-
phique. A la longue, les faits s'oublient peu à peu, à moins qu'ils
n'aient saisi l'imagination des peuples et ne se soient transformés
en légendes; mais les idées cachées sous le tumulte des événemens
se révèlent et grandissent à mesure, semblables aux montagnes qui
paraissent d'autant plus hautes qu'on s'éloigne de leur base.

Parmi ces idées, qui se dégageront peu à peu de la crise américaine, aucune, ce nous semble, ne se manifestera d'une manière
plus éclatante que celle du droit absolu que les hommes de races
diverses ont à la liberté. Sur le sol classique de l'esclavage, les
noirs deviendront maîtres de leur propre corps et se mêleront à
la société des blancs, leurs anciens possesseurs; la servitude, qui
dans aucun pays du monde n'avait trouvé de plus audacieux défenseurs, aura été jugée définitivement par ses abominables conséquences. Dans le désir de faciliter leur travail aux écrivains qui ra-
conteront un jour en entier la grande lutte de l'émancipation, nous
allons tâcher de décrire ici les premières phases de cette heureuse
transformation des camps d'esclaves en communautés d'hommes
libres. Les documens sont rares, car les défenseurs qu'une main cachée suscite aux nègres d'Amérique songent à combattre et non pas
à raconter l'histoire de ceux qu'ils sont chargés de secourir; cependant les faits épars que nous pourrons recueillir et que nous dis-
cuterons impartialement suffiront pour faire comprendre la gravité
des événemens auxquels notre génération a le privilége inappréciable de pouvoir assister.

I.

Pour mesurer plus facilement l'énorme progrès accompli depuis
deux années dans la condition des nègres et dans l'opinion publique
des Américains du nord au sujet de l'esclavage, il n'est pas inutile
de rappeler en peu de mots quelle était la situation à l'époque de la
dernière élection présidentielle. Alors l'extension et l'aggravation de

la servitude des noirs étaient encore le but primordial des hommes d'état qui dirigeaient la politique des États-Unis. Les planteurs du sud, tout-puissans dans le sénat et sûrs de la complicité du président Buchanan, avaient subordonné toutes les autres considérations à celles de leur propre intérêt et transformé toutes leurs ambitions en articles de loi. Dans les états à esclaves, la liberté républicaine n'était plus qu'un vain mot; les ministres de tous les cultes n'avaient plus qu'une mission, celle de prôner « l'institution divine; » les journaux, rendus unanimes par une même passion ou par l'universelle terreur, n'avaient plus qu'un rôle, celui d'affirmer l'excellence de l'esclavage et l'infamie des abolitionistes; toute protestation contre la servitude s'était depuis longtemps évanouie; couverte par un immense concert de malédictions, la plainte du nègre n'était plus entendue. Dans le district de la Colombie, commun aux deux fractions de la république, les geôles où l'on fouettait les noirs s'élevaient à côté de la Maison-Blanche et du palais de la nation. Enfin, dans les états soi-disant libres, des négocians armaient leurs navires pour la traite des nègres sans redouter les tribunaux de leur pays; d'autres se faisaient les bailleurs de fonds des propriétaires d'esclaves, et partageaient avec eux les bénéfices sans vouloir partager la honte. Sur aucun point de l'immense territoire américain, les fugitifs des plantations ne pouvaient se dire à l'abri. Des chasseurs de profession, parfois accompagnés de limiers, se lançaient sur la piste du gibier noir, le forçaient soit dans les campagnes, soit dans les rues des cités populeuses, puis, après avoir fait constater leurs prises par des magistrats spéciaux auxquels on payait chaque tête de nègre capturé suivant un tarif réglé d'avance, ils ramenaient les fugitifs à coups de fouet et de prison en prison. Parfois aussi les chasseurs mettaient la main sur des nègres libres, et rarement ces victimes d'une méprise plus ou moins involontaire recouvraient la possession d'eux-mêmes. Les propriétaires d'esclaves prétendaient au droit de parcourir ou même d'habiter les états libres avec leurs domestiques noirs, et de rétablir ainsi la servitude dans les contrées où elle était abolie. Par une loi récente, ils avaient livré aux empiétemens futurs de l'esclavage tout l'espace occupé par les territoires: maîtres absolus d'un tiers de la république, ils s'étaient arrogé encore, par le bill de Nebraska, le droit d'envahir un autre tiers de l'immense superficie des États-Unis. Ce n'est pas tout. Enivrés par leurs victoires successives, ils ne craignaient pas d'attenter à la liberté garantie par la génération précédente aux nègres affranchis; dans la plupart des états du sud, l'aristocratie féodale avait décrété la servitude pour tous les hommes de couleur émancipés, et dans les autres états à esclaves de simples questions de détail arrêtaient encore le vote de cette mesure impie. Par politesse envers les éleveurs du Maryland, de la Virginie et des autres états du centre, les planteurs du sud n'insistaient que faiblement sur la nécessité de rétablir la traite des noirs; mais il n'est pas douteux qu'en véritables logiciens ils n'eussent fini par remporter cette dernière victoire sur la morale. N'y étaient-ils pas autorisés par la décision solennelle de la cour suprème d'après laquelle le nègre n'a « aucune espèce de droit que le blanc soit tenu de respecter? »

Tout cela était la loi. Grâce à leurs propres efforts et à ceux de leurs complaisans des états libres, les planteurs avaient réussi à jeter le manteau de la légalité sur toutes les turpitudes de l'esclavage et à faire sanctionner tous ses envahissemens. Sur le terrain purement constitutionnel, leur position était à peu près inexpugnable, et s'ils n'avaient pas déchiré de leurs propres mains le pacte fédéral qui les protégeait, ils jouiraient encore paisiblement de leurs propriétés vivantes. Leur prétendu droit, si contraire à la morale, était du moins inscrit dans les codes et dans les actes du congrès, et cela suffisait pour maintenir la prépondérance politique des hommes du sud pendant une période indéfinie. Aussi les abolitionistes purs, qui constituaient aux États-Unis une secte de quelques milliers d'individus à peine et qu'on affectait de mépriser comme de pauvres rêveurs, reconnaissaient l'impossibilité légale de forcer l'esclavage dans ses retranchemens, et, ne pouvant espérer l'extinction naturelle de la servitude, demandaient hautement la scission entre le nord et le sud, entre les hommes libres et les planteurs. Les républicains, qui avaient donné leurs voix au général Fremont en 1856 et qui firent triompher la candidature de M. Lincoln en 1860, ne croyaient pas non plus qu'il fût possible de supprimer l'esclavage en s'appuyant sur les lois existantes, et du reste l'abolition eût-elle pu s'accomplir d'une manière constitutionnelle que leur parti n'eût pas même eu le désir de la voter. Le programme adopté à Chicago le prouve : ils admettaient dans les termes les plus explicites que le maintien de l'institution servile était garanti par le droit public et que les états à esclaves pouvaient régler à leur guise toutes leurs affaires intérieures. Placée sous la sauvegarde de la constitution, la servitude était pour les républicains chose sacrée à laquelle ils n'avaient pas plus le droit de toucher qu'un Juif n'eût eu celui d'écraser un serpent niché dans l'arche sainte. Leur unique but était de conserver à la liberté du travail leur propre territoire. Ils n'attaquaient point, ils se défendaient. Sous la présidence de M. Buchanan, lorsqu'ils firent admettre le Kansas au nombre des états libres, ils revendiquaient un droit solennellement garanti par des compromis antérieurs et représentaient les vœux maintes fois exprimés des habitans du Kansas eux-mêmes. En novembre 1860, lorsqu'ils élurent M. Lincoln, ils n'avaient d'autre intention que d'affirmer l'inviolabilité du travail libre dans les états du nord, et pour donner aux planteurs des gages de leur sincérité, ils ne cessaient de témoigner le dégoût que leur inspiraient les abolitionistes. La fraternité humaine, l'égalité future de toutes les races, la liberté universelle, n'étaient que chimères pour les républicains d'Amérique, et s'ils avaient cru à la scission dont on les menaçait depuis de si longues années, on ne peut douter qu'ils n'eussent voté en masse pour un candidat favorable à l'extension de l'esclavage. Les radicaux, isolés çà et là dans quelques villes de la Nouvelle-Angleterre, eussent été réduits à une impuissance absolue. N'essayons point de pallier ce fait déplorable : les hommes du nord étaient en grande majorité complices de leurs concitoyens du sud dans le crime de l'esclavage; ils voulaient seulement s'en épargner le remords.

Ainsi le parti républicain caressait la chimère d'un compromis définitif, comme si les passions pouvaient se condamner jamais à osciller autour d'un centre de gravité. Plus logiques et doués de cette prescience instinctive que donne toujours un principe absolu, les hommes du sud comprenaient fort bien qu'un accord à l'amiable était impossible entre deux groupes d'états où la condition sociale des travailleurs offre un antagonisme si complet. Ils savaient qu'une victoire décisive serait remportée tôt ou tard par l'une ou l'autre des sociétés hostiles, et la prévision de l'avenir leur faisait confondre dans une même haine les républicains de tout le nord et les abolitionistes de Boston. Et comment n'auraient-ils pas abhorré ce parti qui, tout en respectant l'esclavage, venait de lui faire subir son premier échec? L'histoire des quatre-vingts dernières années avait appris aux planteurs que le maintien de leurs priviléges avait pour condition essentielle une série non interrompue de triomphes, et qu'un temps d'arrêt dans leurs conquêtes deviendrait inévitablement le signal du recul. En effet, l'esclavage, abandonné à ses propres forces, ne peut soutenir la concurrence avec le travail libre : il se limite nécessairement à un petit nombre d'industries; il épuise la terre, il fatigue les hommes, il ne peut les utiliser que par masses, et surtout il leur ôte cet aiguillon de l'intérêt privé, sans lequel l'ouvrier, dépourvu de toute initiative, devient une machine sans intelligence. Pour contre-balancer ces causes d'infériorité, les planteurs avaient la grande ressource d'étendre indéfiniment leur domaine et de garder avec un soin jaloux le monopole des produits spéciaux qui faisaient leur richesse; mais l'admission du Kansas au nombre des états libres, puis le triomphe des républicains dans les élections présidentielles de 1860, prouvèrent aux esclavagistes qu'ils ne devaient plus espérer l'accroissement de leur empire. Les travailleurs libres, dont la multitude augmente si rapidement dans la république américaine, allaient peser de plus en plus sur leur frontière, ils allaient peut-être pénétrer dans les territoires du sud-ouest et faire concurrence aux propriétaires d'esclaves pour la production du coton. Enserrée dans un cercle toujours plus étroit, la puissante aristocratie du sud était condamnée à la mort lente de l'étouffement.

Mieux valait pour les *chevaliers du cercle d'or* jouer le tout pour le tout et risquer la perte soudaine de leurs priviléges en essayant de reconstruire l'Union à leur profit. Insoucieux de la constitution qui les avait abrités si longtemps et qu'on pouvait maintenant retourner contre eux, violateurs des lois qu'ils avaient eux-mêmes dictées, et qui prononçaient désormais leur condamnation, ils déchirèrent l'ancien pacte fédéral, sans attendre que les vainqueurs eussent porté la moindre atteinte aux garanties légales de l'institution servile, sans attendre même que fussent expirés les pouvoirs de M. Buchanan, le président qu'ils avaient fait élire. Les républicains du nord n'étaient pas encore revenus de leur stupeur, que déjà la scission était consommée. On sait maintenant, à n'en pouvoir douter, que les rebelles ne voulaient point s'en tenir à la proclamation de leur indépendance, mais que leur ambition était de fonder au profit de l'esclavage une nouvelle union sur les ruines de l'ancienne. Protégés par le *roi Coton* et convaincus de la toute-puissance de l'intérêt, ils comptaient fermement sur la complicité de la France et de l'Angleterre dans leur œuvre de reconstruction; quant au peuple des États-Unis, ils espéraient pouvoir le capter par les moyens qui leur avaient si souvent réussi dans le congrès. Aux états du centre, ils vantaient les bénéfices que procure l'élève des nègres destinés aux marchés du sud; aux états de l'ouest, ils promettaient les avantages du libre échange; à la Pensylvanie et à New-York, ils offraient l'appât du lucre.

Les six petits états de la Nouvelle-Angleterre devaient seuls être exclus, comme indignes, de la confédération esclavagiste. C'est que les partisans zélés de l'émancipation, qui se trouvent principalement dans ces états, s'appuient, eux aussi, sur un principe, la liberté, et n'ont jamais eu l'idée chimérique d'opérer un compromis avec les planteurs. Rendus clairvoyans par l'habitude de la pensée, ces hommes, auxquels on refusait tout sens pratique, sont les seuls parmi les gens du nord qui n'ont pas été pris au dépourvu et ne se sont pas trompés sur le résultat final de la séparation. A la nouvelle du bombardement et de la reddition du fort Sumter, l'émotion fut indicible dans toutes les villes du nord, et des comités de défense s'organisèrent spontanément sur tous les points menacés. Et pendant que la population tout entière était en proie à un délire patriotique, pendant que deux cent mille volontaires couraient aux armes, la société des abolitionistes de Boston se réunissait tranquillement pour tenir sa dernière séance. « Durant ces trente dernières années, nous avons travaillé, nous avons combattu, nous avons souffert avec joie; maintenant laissons aux événemens le soin de continuer notre œuvre! Nos prédictions s'accomplissent : nous n'avons plus qu'à voir défiler devant nous les jours de bataille portant avec eux la liberté! » En effet, le premier jour de la rébellion peut être également considéré par les nègres d'Amérique comme le premier de leur hégire. Les coups de canon tirés par les esclavagistes caroliniens contre le fort Sumter ont été le vrai signal de l'émancipation des noirs, et ce sont les maîtres eux-mêmes qu'une singulière ironie du destin a chargés d'être les libérateurs!

II.

Rigide interprète de la légalité, le président Lincoln arrivait au pouvoir avec un sentiment profond de son immense responsabilité et la ferme intention de remplir strictement le mandat qu'il avait reçu de ses concitoyens. Ce mandat était de rétablir purement et simplement la constitution tout entière, même avec les garanties qu'elle offre aux propriétaires d'esclaves; il devait ramener dans l'Union les états rebelles, et leur imposer le respect des lois en les respectant lui-même et en faisant exécuter celles que le congrès avait votées contre les noirs fugitifs. D'ailleurs, s'il avait eu la volonté d'agir, non pas en magistrat constitutionnel, mais en chef révolutionnaire, il ne fût probablement pas entré à la Maison-Blanche. Nommé par une simple minorité des électeurs populaires (1), il aurait bientôt vu cette minorité se tourner contre lui et faire cause commune avec la majorité démocratique, dont les voix s'étaient dispersées sur d'autres candidats. Aussi, quelles que fussent ses opinions particulières sur l'esclavage, M. Lincoln se garda bien de les manifester. En sa qualité d'homme politique, il avait toujours affirmé que l'extradition des noirs fugitifs était un devoir civique; devenu candidat à la présidence, il ne cessa de professer la même opinion, qui du reste était conforme à celle de presque tout son parti. En-

___

(1) M. Lincoln reçut, il est vrai, 180 votes électoraux contre 123 votes donnés à MM. Douglas, Bell et Breckinridge; mais les suffrages populaires se décomposaient ainsi : 1,857,610 voix pour M. Lincoln, et 2,804,559 pour ses trois concurrens. Le président a donc été élu par les deux cinquièmes des voix seulement.

fin, nommé président, il ne négligea aucune occasion de rassurer les hommes du sud et de témoigner en faveur de leurs droits constitutionnels. Dans son message, il déclarait ne vouloir en aucune manière attenter à l'institution patriarcale; il acceptait la doctrine antique en vertu de laquelle l'esclave qui s'enfuit dérobe son propre corps; il reconnaissait le droit absolu du maître à la récupération de sa propriété vivante. Par un excès de prévenances, il s'abstenait même d'aborder le sujet si délicat des territoires et de faire la moindre allusion aux anciens compromis maintes fois violés par les esclavagistes. En termes supplians, dont la sincérité ne pouvait être mise en doute, il conjurait ses frères du sud de rentrer dans l'Union avec toutes leurs prérogatives et leur offrait ses bons services pour écarter définitivement cette fâcheuse question de l'esclavage, cause de tant de malheurs.

Le congrès était disposé à imiter le président dans cette politique de conciliation à outrance. En votant l'organisation de trois territoires, dont l'un au moins, celui du Colorado, était exposé à l'invasion du travail esclave, les sénateurs allèrent même, dans leur courtoisie pour les planteurs, jusqu'à négliger d'introduire une clause assurant aux agriculteurs libres l'occupation de ces vastes contrées. Plus tard, lorsque la guerre éclata, les généraux de l'armée ne furent pas moins polis pour les propriétaires de nègres que ne l'étaient les membres du gouvernement et de la législature. Des ordres formels enjoignaient aux troupes de rendre consciencieusement à leurs maîtres les esclaves fugitifs qui s'égaraient dans les lignes fédérales. Parfois même les soldats étaient chargés par leurs officiers de prêter main-forte aux chasseurs et de traquer les noirs dans les forêts. Telles étaient les premières scènes de cette guerre qui doit avoir pour inévitable résultat la liberté des nègres dans tous les états méridionaux.

Quelques incidens toutefois révélaient d'avance la tournure que la lutte entre les hommes libres du nord et les propriétaires d'esclaves du sud était destinée à prendre tôt ou tard. Les volontaires du Massachusetts, qui par une *heureuse* circonstance, dit le sénateur Sumner, avaient été les premiers à verser leur sang pour la république, étaient en grande partie de zélés abolitionistes, et leur prompte réponse à l'appel du président était un signe de l'ardeur qu'ils allaient porter à la délivrance des esclaves. En dépit de la loi d'extradition et des ordres de leurs chefs, ces soldats improvisés donnaient joyeusement un asile aux rares fugitifs qui venaient les implorer; souvent même ils étaient les premiers à conseiller l'évasion et à faciliter le départ des nègres pour la Pensylvanie. De là des altercations entre les volontaires et leurs officiers, et parfois des conflits entre les tribunaux civils et l'autorité militaire. Cependant ces difficultés furent bientôt écartées dans le département du Potomac. La sévérité croissante de la discipline, le zèle de juges entièrement dévoués aux propriétaires d'esclaves éclaircirent peu à peu les rangs des abolitionistes purs; d'ailleurs ceux-ci ne pouvaient échapper au prestige que doit nécessairement exercer toute loi, même abhorrée, sur des hommes auxquels l'amour de la constitution, la grande loi, avait mis les armes à la main. Et puis ces rudes gens du nord, qui se trouvaient pour la première fois en contact avec les élégans gentilshommes de la capitale, craignirent bientôt de se déshonorer en s'occupant de cet être méprisé qu'on appelle *a stinking nigger.* Pendant les premiers mois de la guerre, tout officier visant aux belles manières donnait une preuve de sa distinction aristocratique en confondant les nègres et les abolitionistes dans un même sentiment de mépris.

A l'ouest des Alleghanys, là où une simple rivière, l'Ohio, borne les domaines de la servitude sur une longueur de plus de 1,200 kilomètres, la guerre ne sévissait pas encore, et par conséquent les relations entre le maître et l'esclave n'avaient point été troublées. Le Kentucky s'était déclaré neutre et profitait de ses quelques mois de répit pour servir d'intermédiaire commercial entre le nord et le sud; il ramassait en toute hâte les dollars que lui procurait cette nouvelle source de trafic destinée à se tarir bientôt. C'est au-delà du Mississipi, sur les frontières du Kansas, qu'on vit les deux sociétés ennemies s'entre-choquer aussitôt après la déclaration de guerre. Dans ce pays, tous les élémens hostiles se trouvaient en contact et fermentaient depuis de longues années, attendant l'occasion favorable pour engager la lutte. Créé par un premier compromis, l'état du Missouri ne pouvait se développer que par une série non interrompue d'autres compromis. Certains comtés étaient habités uniquement par des colons libres, d'autres, situés par une singulière anomalie dans les parties septentrionales de l'état, renfermaient une forte proportion d'esclaves. La ville de Jefferson, chef-lieu du Missouri, était aux ordres des planteurs, tandis que Saint-Louis, la grande cité qui aspire à devenir le siége du gouvernement des États-Unis, était presque entièrement républicaine, et nommait pour représentans au congrès des adversaires de l'esclavage. Des milliers d'émigrans allemands, des exilés politiques, presque tous abolitionistes ardens et complétement étrangers aux subtilités des légistes américains, prêchaient avec ferveur l'émancipation des noirs. Enfin les souvenirs encore récens de la guerre du Kansas, qui avait ensanglanté les frontières pendant plusieurs années, emplissaient tous les cœurs de haine et de vengeance. Dans ces régions, situées à plus de 2,000 kilomètres de Washington et rendues presque indépendantes du gouvernement central par la désorganisation temporaire de la république, la lutte devait nécessairement revêtir un caractère particulier et se transformer en guerre d'émancipation. Chose étrange! c'étaient ces mêmes populations agricoles du Haut-Mississipi, sur lesquelles les esclavagistes avaient le plus compté, qui étaient les premières à demander l'affranchissement des esclaves. Tandis qu'à Washington le président et les généraux de l'armée faisaient assaut de courtoisie envers les propriétaires de nègres et témoignaient par leurs actes du respect qu'ils portaient à l'institution servile, les volontaires du Missouri et du Kansas agissaient tout autrement et demandaient à se battre, non pour les clauses de la constitution, mais bien pour la liberté du sol. Les deux armées de l'est et de l'ouest, que l'immense vallée de l'Ohio séparait l'une de l'autre, et qui s'étaient levées au même appel, apportaient chacune sur les champs de bataille un esprit différent. L'une, composée d'hommes appartenant pour la plupart aux classes industrielles et commerçantes de race anglo-saxonne, n'avait d'autre but que de défendre la loi; l'autre, dont les rangs étaient en grande partie formés d'agriculteurs allemands encore tout pénétrés des idées de l'Europe sur l'esclavage, voulaient avant tout faire triompher la justice. Les représentans de ces deux tendances diverses étaient d'un côté le légiste Lincoln, de l'autre le pionnier Fremont. Si ces deux hommes n'avaient pas été animés tous les deux du plus sincère patriotisme, et si la guerre, en se répandant comme une immense traînée de feu de la Chesapeake à l'Arkansas, n'avait pas bientôt fondu tous les contrastes et donné la même impulsion à toutes les armées en marche, l'antagonisme naturel des états de l'ouest aurait pu devenir une source de dangers pour la république et la menace d'une deuxième scission bien plus douloureuse encore que la première.

Dès le commencement de la guerre, les esclavagistes du Missouri se sentirent frappés au cœur. Le prix des nègres, cette valeur impressionnable qui est pour les planteurs d'Amérique ce que le cours de la rente est pour les négocians d'Europe, baissa de 80 pour 100 dans l'espace de quelques mois. Des noirs vigoureux, achetés 1,200 dollars à la fin de l'année 1860, étaient revendus en 1861 moyennant une somme de 200 dollars. Les marchands d'esclaves, complétement ruinés, maudissaient les républicains du nord et discouraient en faveur de l'insurrection, « le plus saint des devoirs. » Un grand nombre de propriétaires qui disposaient encore de fonds considérables se hâtaient de vendre leurs terres à vil prix et disaient adieu à l'état du Missouri pour aller s'établir dans l'Arkansas avec leur bétail humain. Les évasions d'esclaves devenaient chaque jour plus fréquentes. Les volontaires allemands qui occupaient la ville de Saint-Louis, et que les ennemis de l'Union qualifiaient de terroristes, ne négligeaient aucune occasion de violer la loi d'extradition, et tous les nègres fugitifs trouvaient dans leur camp un accueil empressé. D'ailleurs le général Frémont leur donnait l'exemple. Un jour un planteur vint chercher trois nègres qui s'étaient réfugiés dans le camp : « Allez-vous-en, lui répondit le général. Il se peut que vos esclaves soient ici; mais aussi longtemps que je garderai mon nom, je ne tromperai jamais la confiance que ces hommes ont mise en ma protection ! »

· Cependant la lutte prenait dans le Missouri un caractère d'acharnement féroce, qui contrastait avec les allures tranquilles de la guerre du Potomac. Autour de Washington, les armées ennemies étaient composées à peu près en entier d'hommes appartenant à des états distincts par le climat, les mœurs, les traditions; mais sur les bords du Missouri, les combattans avaient été voisins avant de s'entre-tuer; ils se connaissaient les uns les autres et portaient dans la lutte cette animosité personnelle qui donne un caractère si effrayant aux guerres civiles. Une victoire remportée par l'un ou l'autre parti pacifiait le pays à la surface; mais quelques jours après, chaque village, chaque hameau abandonné par les troupes recommençait la guerre pour son propre compte, et telle région qui le lendemain d'une défaite n'offrait en apparence que de paisibles agriculteurs était couverte de guérillas bientôt après le départ de l'ennemi. Sur tous les points du territoire avaient lieu des rencontres à main armée, depuis la bataille proprement dite jusqu'au simple duel. Un grand nombre de villes et de villages étaient brûlés, les campagnes étaient dévastées, la solitude reprenait son domaine. Des sociétés de brigands, étrangères à tous les partis et constituées par actions comme des compagnies industrielles, exploitaient systématiquement le pays par le vol, le meurtre et l'incendie. Le Missouri, auquel sa position centrale, son réseau de rivières, la fertilité de son territoire et ses montagnes de métal presque pur peuvent faire espérer de devenir un jour l'état le plus important de l'Union, courait le risque d'être changé en un désert : déjà les citoyens étaient obligés d'implorer du répit pour le paiement de leurs taxes. Il fallait aviser au plus tôt. Le 31 août 1861, le général Frémont proclama la loi martiale, et le premier parmi tous les chefs américains il osa prononcer le mot redoutable d'émancipation! De sa propre autorité, il déclara libres tous les nègres dont les maîtres auraient été convaincus de rébellion, et, joignant l'exemple au précepte, il mit en liberté deux esclaves de Saint-Louis qui avaient appartenu à des ennemis de l'Union.

C'était là un acte qui peut nous paraître aujourd'hui bien simple. Pourtant l'Amérique entière en frémit. Depuis le désastre de Manassas, rien n'avait ému le peuple d'un pareil effroi. L'esclavage, cette institution qu'avaient maintenue et justifiée par leur exemple les Washington, les Jefferson et les autres pères de la patrie, un soldat y portait violemment la main. Nouveau Samson, il osait renverser les colonnes du temple, et ne craignait pas d'ensevelir le peuple entier sous les ruines! Il est vrai que le congrès avait récemment voté comme mesure de guerre un bill autorisant la confiscation des esclaves employés aux travaux de siége ou de défense; mais ces nègres confisqués par le gouvernement et devenus libres en fait restaient encore des immeubles en droit, et le principe constitutionnel de la servitude demeurait dans toute son intégrité. Par une singulière conséquence du bill, l'avantage d'être confisqué et pratiquement émancipé était offert aux esclaves qui aidaient les rebelles en travaillant aux fortifications ou en combattant à côté de leurs maîtres : le gouvernement fédéral les récompensait d'avoir participé à la rébellion, tandis qu'il maintenait dans l'esclavage les nègres assez naïfs pour ne pas demander le pic ou le fusil. Ce procédé eût été simplement absurde, si, d'après la loi, le noir avait pu être considéré comme une personne; mais on ne voyait en lui qu'une chose, un corps sans âme, et quand on l'arrachait à son maître, c'était uniquement pour punir celui-ci. « Pourquoi, disait un journal unioniste du Kentucky (1) favorable au bill de confiscation, pourquoi les esclaves des traîtres en armes ne seraient-ils pas confisqués pour le compte du gouvernement?... Les esclaves sont une propriété aussi bien que les mules. Est-il juste et légitime de confisquer une mule et de l'employer au service des transports? Si cet acte de confiscation est légal, n'est-il pas également juste et légitime de confisquer les esclaves pour qu'ils servent de charretiers? Hommes et mules sont des propriétés au même titre. » Malheureusement le général Fremont avait eu le tort de voir des hommes dans ces misérables esclaves; il leur promettait la liberté comme si pareil privilége était fait pour eux ou pour des bêtes de somme; il portait atteinte aux droits sacrés des propriétaires. Le président s'empressa d'écrire au général pour le rappeler aux termes stricts du bill de confiscation.

Non content d'intervenir ainsi, M. Lincoln révoqua bientôt après le célèbre abolitioniste et le remplaça par le général Halleck, dont l'un des premiers soins fut d'interdire l'entrée du camp à tout noir fugitif; cependant les partisans du Kansas, insoucieux de toute discipline, n'en continuèrent pas moins leur guerre d'émancipation.

____

(1) *Frankfort Commonwealth*, 20 novembre 1861.

Des colons impatiens de toute légalité s'étaient réunis en foule dans ces régions situées aux confins du monde civilisé et forcément négligées par le gouvernement fédéral. Leurs bandes, il faut le dire, étaient composées d'élémens très divers. Nombre de pionniers demi-sauvages étaient accourus uniquement par amour de la bataille. Le plaisir de courir les aventures et de braver le péril, l'orgueil farouche qu'on éprouve à vaincre la faim, le froid ou la fatigue, les émotions de l'embuscade, les hideuses joies du cri de guerre et de la lutte corps à corps, toutes ces choses qui effraient l'homme paisible étaient précisément ce qui attirait ces redoutables *jayhawkers*. La présence des Indiens ajoutait encore à la fête. La fraction la plus importante de la tribu des Creeks, les Cherokees, les Choctaws, tous les peaux-rouges qui, sous prétexte de civilisation, sont devenus propriétaires de nègres (1), s'étaient soulevés en faveur de la confédération esclavagiste; ils menaçaient de leurs tomahawks les pionniers du Kansas et scalpaient tout vivans ceux qui tombaient en leur pouvoir. Des *coureurs de prairie*, des *petits blancs* du Texas et de l'Arkansas grossissaient ces bandes féroces. A leur tête, on voyait apparaître le terrible Texien Bosse-de-Bison, ce guerrier légendaire qui se disait petit-fils de Fra-Diavolo et portait toujours avec ses armes une bible reliée dans la peau d'un homme du nord tué de sa main. En face de pareils adversaires, les capitaines des bandes unionistes devaient eux-mêmes user de procédés sommaires. Un de ces chefs, le sénateur fédéral Lane, démocrate de vieille roche brusquement converti à l'abolitionisme, ne craignait pas de dire à ses soldats : « Détruisez, dévastez, désolez, voilà la guerre! » Le colonel Jennieson s'exprimait d'une manière encore plus énergique et mêlait à son cri de haine une sanglante ironie à l'adresse de la cour suprême. « Les rebelles, disait-il, sont hors la loi! Nous les traiterons partout comme des ennemis de Dieu et des hommes, comme des gens trop vils pour qu'ils puissent rien posséder en propre, comme des êtres n'ayant aucune espèce de droits que les hommes loyaux soient tenus de respecter! » Ses actes étaient d'accord avec ses paroles : il faisait vivre ses troupes sur les propriétés des planteurs, brûlait les maisons en guise d'adieu, donnait la liberté et des armes aux esclaves.

Mais la vraie force des volontaires du Kansas, celle qui leur fit conquérir définitivement le Missouri à la cause de l'Union, c'était la ferveur abolitioniste de quelques-uns d'entre eux. Ceux-ci avaient fait de la délivrance des nègres la mission de leur vie et saisissaient

(1) Lors du recensement de 1860, ces diverses tribus possédaient 7,369 noirs répartis entre 1,154 propriétaires. Un seul planteur creek avait à lui seul 227 esclaves.

avec enthousiasme l'occasion d'accomplir leur œuvre sans avoir à redouter les arguties légales. Héros à la façon des puritains leurs ancêtres, ils étaient résolus à vaincre et prêts à mourir. Sans paie, mal vêtus, mal nourris, complétement dégagés de cette vulgaire ambition de l'avancement qui animait la grande majorité des autres soldats de l'Union, ils combattaient seulement pour les droits de l'homme et pour la liberté du sol. Leur véritable chef et leur modèle, ce n'était ni Jennieson, ni le sénateur Lane, c'était John Ossawatomie Brown, le pendu de Harpers-Ferry; dans leurs rangs marchait le fils de la victime, brûlant de venger la mort de son père et chantant avec ses compagnons l'hymne de guerre devenu aujourd'hui la *Marseillaise* des nègres. Nous donnons ici les paroles de ce chant national qui tient à la fois du cantique religieux et de la marche de guerre (1).

« Le corps de John Brown pourrit dans la fosse, — et les captifs qu'il essaya de sauver pleurent encore; — il a perdu la vie en luttant pour l'esclave, — mais son âme marche devant nous! — Gloire! gloire! Alleluiah! — Son âme marche devant nous!

« John Brown était un héros indomptable et sincère. — Le Kansas le vit à l'œuvre pour défendre nos droits. — Aujourd'hui l'herbe verdoie sur sa fosse, — mais son âme marche devant nous. — Gloire, etc.

« Il prit Harpers-Ferry avec ses dix-neuf braves; — il épouvanta la vieille Virginie et la fit trembler jusqu'en ses fondemens; — puis une bande de traîtres lui fit subir la mort d'un traître, — mais son âme marche devant nous. — Gloire, etc.

« John Brown était le Jean-Baptiste du Christ qui nous viendra, — du Christ qui fera tomber les chaînes des captifs. — Bientôt, sous le soleil du sud, tous les noirs seront libres, — car son âme marche devant nous. — Gloire, etc.

« Vous, soldats de la liberté, frappez, c'est le moment, — portez à l'oppression le coup de mort que le héros essaya de porter, — car l'aurore du vieux John Brown éclate en un beau jour, — et son âme marche devant nous! — Gloire! gloire! Alleluiah! — Et son âme marche devant nous! »

Ainsi le fils de John Brown et ses compagnons d'armes, qui chantaient avec lui la gloire de son père, combattaient, non pour le maintien de l'Union, mais pour l'affranchissement des noirs. L'ordre du général Halleck défendant l'admission des nègres fugitifs dans les lignes fédérales n'était pour eux qu'un vain mot et ne leur arrachait qu'un sourire de mépris. Leur œuvre d'émancipation n'en était point interrompue. A la fin de l'année 1861, les deux brigades du Kansas, composées de 2,000 hommes à peine, avaient à

____

(1) Il nous a été impossible de découvrir le nom de l'auteur.

elles seules délivré plus de 3,000 esclaves, et les avaient acheminés vers la terre de liberté; en outre un grand nombre de noirs s'étaient échappés des plantations sans attendre les bandes libératrices, et, voyageant de nuit à travers les forêts, avaient réussi à gagner la frontière. Entraîné par l'exemple de ses hommes, le sénateur Lane, qui, de son propre aveu, « se serait fait avec joie chasseur de nègres avant la prise du fort Sumter, » professait maintenant que « l'affranchissement d'un esclave portait au royaume de *Secessia* un coup plus terrible que la mort d'un soldat; » il priait « le Tout-Puissant d'endurcir les cœurs des rebelles comme celui de Pharaon et de les faire persister dans leur crime, afin qu'on pût envahir leur territoire et faire tomber les chaînes de tous les esclaves. » Dans l'espace de six mois, la troupe du brave sénateur, forte de 1,200 volontaires seulement, libéra plus de 2,000 noirs; souvent elle en comptait dans ses rangs plusieurs centaines qui s'organisaient par compagnies et s'exerçaient au maniement des armes. Lorsque les péripéties de la guerre entraînaient la brigade à une assez grande distance dans l'intérieur du Missouri, les noirs la suivaient dans sa marche et commençaient leur apprentissage d'ouvriers libres en s'occupant des travaux du camp moyennant un salaire de 5 à 10 dollars par mois; mais après chaque expédition, lorsque la brigade était revenue près de la frontière du Kansas, les affranchis se réunissaient en corps, et sous la conduite d'un chapelain de l'armée se rendaient en caravane vers la terre libre. Ils franchissaient la limite des deux états en poussant des acclamations en l'honneur du vieux John Brown, et, désormais sûrs de leurs propres personnes, ils se divisaient par familles ou par groupes d'amis et s'empressaient d'offrir leurs services aux villageois et aux fermiers du Kansas. Dès la première semaine, ils étaient tous placés et tenaient dans leurs mains la copie du contrat qui leur assurait un salaire régulier, le droit inappréciable d'aller et de venir, celui de conquérir l'aisance ou même la fortune à la sueur de leurs fronts. Des agens spéciaux veillaient à l'exécution des contrats et s'occupaient de l'éducation des nouveau-venus. Des chapelles, des écoles s'ouvraient dans tous les villages de la frontière immédiatement après l'arrivée des émigrans africains. Plus d'un an s'est écoulé depuis que ces hommes sont devenus libres, et tous les témoignages s'accordent à dire qu'ils travaillent pour leur propre compte avec autant d'ardeur qu'ils mettaient naguère de répugnance à travailler pour le compte d'autrui. Grâce à eux, le Kansas, dont la prospérité actuelle contraste si fortement avec la désolation du Missouri, prouve combien ses énergiques habitans avaient raison de défendre la liberté du sol au péril de leur vie contre les empiétemens des planteurs.

Cependant l'état à esclaves de l'Arkansas, aussi bien que l'état libre du Kansas, se peuplait de nègres aux dépens du Missouri durant la première période de la guerre. Pour garder leurs troupeaux de noirs que les bandes abolitionistes menaçaient de leur enlever, un grand nombre de planteurs se réfugiaient en toute hâte chez leurs amis du sud. C'était de la part des esclavagistes un aveu d'impuissance, une reculade devant le travail libre, presque une trahison de leur cause. En vain les chefs des rebelles lancèrent-ils des proclamations pour arrêter l'émigration des propriétaires de nègres, les routes de l'Arkansas étaient continuellement encombrées de fugitifs emmenant avec eux leur bétail noir : le gouverneur esclavagiste Claiborne Jackson et le général confédéré Price donnaient eux-mêmes l'exemple et faisaient évacuer leurs plantations du Missouri pour établir leurs nègres dans les vallées de l'Arkansas et de la Rivière-Blanche. Dès le commencement de l'année 1862, les statistiques estimaient que le courant de l'émigration volontaire vers le Kansas et celui de l'émigration forcée vers l'Arkansas avaient fait perdre au Missouri la moitié de sa population asservie. D'après cette estimation, il resterait à peine encore 60,000 esclaves dans l'état (1). Le représentant Henderson, chargé de défendre les intérêts du Missouri dans le sein du congrès, croit pouvoir évaluer à plus de 90,000 le total de la population servile appartenant encore à ses concitoyens. C'est là un chiffre inspiré peut-être par le désir d'enfler la prime d'affranchissement acordée aux planteurs du Missouri; toutefois cette évaluation suppose elle-même que le nombre des esclaves a décru dans l'état de 25,000, ou de près d'un quart. On le voit, le premier résultat de la lutte a été de faciliter l'émancipation des noirs par la décroissance du capital vivant des planteurs. Après une année de guerre, les rebelles du Missouri comprirent enfin que l'esclavage n'était plus une bonne spéculation et ne valait plus la peine d'être défendu. Dès que la liberté du travail fut admise par les Missouriens comme une nécessité économique, le pays se pacifia : les bandes éparses cessèrent d'inquiéter les armées de l'Union, et la guerre se déplaça du côté du sud vers l'Arkansas. Une fois de plus l'événement prouvait que l'esclavage avait été la seule cause de la séparation.

III.

Les brigades abolitionistes qui avaient lutté avec tant d'énergie pour la délivrance du Missouri auraient certainement continué la guerre dans l'Arkansas sans demander conseil au gouvernement de

(1) Lors du recensement de 1860, on en comptait 114,031.

Washington, si, par le cours naturel des choses, l'armée fédérale n'avait pas commencé à prendre largement sa part dans l'œuvre d'émancipation et n'avait ainsi ôté toute raison d'être à l'action isolée des partisans du Kansas. Éclairés par le spectacle des plantations et des marchés de nègres, instruits aussi par leurs défaites, les soldats de l'Union comprenaient enfin que le seul moyen de pénétrer dans les états du sud était de s'en prendre à la cause même de la guerre, à l'esclavage; ils se demandaient avec irritation s'il n'était pas absurde de marcher à la bataille et de risquer la mort ou la captivité pour que les planteurs, ramenés de force dans l'Union, eussent encore le privilége d'asservir en paix leurs semblables; ils ne voulaient plus reconnaître à l'aristocratie féodale du sud le droit de commenter la constitution qu'ils avaient eux-mêmes déchirée. Le chant de John Brown devenait leur hymne de guerre; les paroles de Fremont, qu'on avait d'abord accueillies avec tant de stupeur, étaient maintenant celles de presque toute l'armée.

Le congrès et le président Lincoln, entraînés par la logique des faits, accentuaient aussi de plus en plus leur politique dans le sens de la liberté des noirs. Déjà quelques semaines avant la proclamation du général Fremont, le gouvernement s'était laissé engager dans cette voie, qu'il devait plus tard suivre jusqu'au bout. Des centaines, puis des milliers de nègres échappés au travail forcé des plantations de la Virginie, s'étaient hasardés dans l'enceinte de la forteresse Monroe, à l'entrée de la Chesapeake, et suppliaient le commandant de leur accorder aide et protection; mais à la piste de ces esclaves venaient les planteurs eux-mêmes réclamant leur bétail humain. Le général Butler reconnut que les nègres réfugiés étaient bien de véritables propriétés; toutefois il affirmait en même temps que ces hommes, ayant aidé ou pouvant aider à bâtir les fortifications des rebelles, constituaient en réalité une contrebande de guerre. En conséquence, refusant de livrer les noirs, il les déclara de bonne prise comme de véritables articles de contrebande (*contrabands*). Le secrétaire de la guerre approuva la conduite du général, mais en lui ordonnant de tenir un compte exact des articles confisqués, afin de pouvoir indemniser plus tard ceux des propriétaires qui seraient restés fidèles à l'Union. C'était un accommodement entre la loi et l'équité : les nègres, encore esclaves par une fiction constitutionnelle, étaient néanmoins devenus des hommes libres. Parmi les fugitifs, les uns furent immédiatement employés moyennant salaire aux travaux du port, les autres furent chargés de construire un chemin de fer circulaire autour de la forteresse; enfin la plupart d'entre eux s'engagèrent comme marins à bord des navires de guerre, et dès le premier mois touchèrent une paie de 8 dollars par mois, non compris les rations. Dans la marine américaine, une véritable égalité règne, parmi les matelots, entre les blancs et les hommes de couleur. Ils travaillent, mangent et s'amusent fraternellement ensemble sans faire attention à la différence des races.

En décembre 1861, lors de la réunion du congrès, on put mesurer le chemin parcouru depuis la prise du fort Sumter. Dans son message, le président faisait une proposition qui, deux années auparavant, eût été repoussée avec horreur; il demandait à la nation américaine d'entrer en relations d'amitié avec les deux républiques noires de Libéria et d'Haïti, et de se faire représenter dans ces états par des chargés d'affaires. Il reconnaissait aussi en termes indirects que les esclaves confisqués étaient vraiment libérés, et, afin d'encourager les états du centre à émanciper leurs nègres, il proposait au congrès l'acquisition d'un nouveau territoire pour y établir les personnes de race africaine. Plus hardies que le président, les chambres passèrent la plus grande partie de leur session à discuter et à voter des bills qui, tout en restant dans les limites posées par la constitution, affaiblissaient de plus en plus le principe de l'esclavage. Elles interdirent aux officiers fédéraux, sous peine de renvoi, d'employer leurs soldats à la poursuite des noirs fugitifs; elles ordonnèrent aux magistrats de ne jamais rendre les nègres sans avoir des preuves évidentes de la fidélité du maître à la cause de la république; elles aggravèrent les bills de confiscation, et furent sur le point d'adopter une loi qui aurait émancipé purement et simplement les esclaves des rebelles. Bientôt après la discussion de ce bill, on entendait le secrétaire de la guerre applaudir au discours du colonel Cochrane disant à ses soldats : « Prenez l'esclave par la main, donnez-lui un fusil, et demandez-lui, au nom de Dieu, de s'en servir pour la liberté de la race humaine! »

Cependant la loi sur l'extradition des noirs fugitifs existait encore, et les officiers de l'armée l'interprétaient à leur guise, suivant les idées de leur parti ou les vicissitudes de la guerre. Dans le département de l'ouest, le général Halleck et ses subordonnés continuaient de renvoyer impitoyablement tous les nègres qui s'approchaient des lignes de l'armée; dans la Virginie occidentale, le général Kelley faisait incarcérer les Africains fugitifs en attendant qu'ils fussent réclamés par leurs maîtres; au Kentucky, des officiers allaient jusqu'à se transformer en marchands de chair humaine, et revendaient aux propriétaires tous les noirs qui avaient imploré leur protection. Dans l'état libre de l'Ohio, des planteurs du sud faits prisonniers étaient autorisés à garder leurs esclaves, et un pasteur protestant, coupable d'avoir favorisé l'évasion d'un noir, était incarcéré pendant six mois. À Washington même, des troupeaux de nègres fugitifs, hommes, femmes, enfans, étaient, à l'insu du président, enfermés dans de hideux cachots où ils restaient des mois entiers sans vêtemens et presque sans nourriture. Aux portes de la capitale, sur les bords du Potomac, un Africain, qui avait servi d'espion à l'armée fédérale, fut rendu par un officier à son ancien maître, qui, dans un transport de rage, fit aussitôt périr l'esclave sous le fouet. Le jury s'assembla et prononça le verdict suivant : « Esclave Jack, âgé de soixante ans, mort de fatigue et d'épuisement. »

A ces atrocités on peut heureusement opposer un grand nombre de cas qui prouvent combien les mœurs des Américains du nord s'amélioraient à l'égard des nègres. La plupart des généraux, suivant l'exemple qui leur avait été donné par le commandant de la forteresse Monroe, accueillaient tous les fugitifs sans exception, et se hâtaient de leur procurer un travail salarié; plusieurs juges se déclaraient incompétens quand les maîtres venaient réclamer leurs esclaves enfuis; le président lui-même, se départant de sa réserve habituelle, disait solennellement que les « *contrabands* confisqués ne seraient jamais réduits à une nouvelle servitude » et se déclarait « prêt à abdiquer plutôt que de tolérer une pareille infamie! » Enfin les soldats menaçaient de leurs armes les chasseurs d'esclaves, et quand ils se mettaient en marche, musique en tête, bannières déployées, ils plaçaient les noirs au milieu de la colonne, afin que personne ne s'avisât de les toucher. Aussi le nombre des affranchis s'accroissait-il rapidement dans toutes les parties de la république occupées par les armées du nord. A Saint-Louis du Missouri, au Caire, à Washington, dans la forteresse Monroe et sur tous les points conquis de la côte du sud, des colonies de nègres libres se formèrent sous la protection du drapeau fédéral. De toutes ces colonies, la plus importante et la plus digne d'intérêt est celle de Port-Royal dans la Caroline du sud. C'est là que les Africains des États-Unis ont donné le plus éclatant démenti à ces calomniateurs intéressés d'après lesquels le noir ne saurait travailler, si la vue du fouet ne le tenait courbé sur le sillon.

L'estuaire de Port-Royal, ainsi nommé par le huguenot Jean Ribault en l'honneur de Charles IX, est le meilleur mouillage de la côte redoutable qui s'étend de la Chesapeake au détroit des Florides. Situé entre Charleston et Savannah, les deux plus grandes villes que les confédérés possèdent sur le rivage de l'Océan, il offre aux escadres de l'Union une excellente position stratégique, et permet aux vaisseaux de surveiller efficacement les abords des deux cités voisines. Aussi l'une des premières entreprises tentées par le gouvernement fédéral dans la pensée de rendre le blocus effectif fut-elle de conquérir cet estuaire important. Dans la matinée du 7 novembre 1861, une flotte considérable commença le bombardement des deux forts qui défendaient l'entrée de Port-Royal, et quelques heures après le drapeau étoilé flottait sur les retranchemens de l'ennemi. La prise des forts fit tomber au pouvoir des fédéraux toutes les îles environnantes.

Cet archipel, auquel on donne indifféremment le nom de Port-Royal ou celui de Beaufort, le principal village du comté, s'étend sur une superficie de plus de 700 kilomètres carrés. Séparé de la terre ferme d'un côté par le Broad-River et l'estuaire de Port-Royal, de l'autre côté par le Coosaw-River, et tournant vers la haute mer une plage basse qui continue le rivage de la Caroline, l'archipel présente la forme élégante d'un triangle arrondi. Des canaux tortueux, accessibles aux vaisseaux de guerre, des *bayous* où peuvent à peine flotter les barques, enfin de simples *coulées* que le reflux laisse à sec, partagent l'archipel en une multitude d'îlots presque tous habités et couverts de plantations. Des maisons somptueuses, ombragées de magnolias, d'azédarachs, de chênes verts, se mirent dans les eaux de ces bras de mer paisibles comme des fleuves et des ruisseaux; de petits villages, entourés d'orangers et de figuiers, s'élèvent çà et là au détour des bayous; sur les bords de l'eau s'étendent des champs dont le sol alluvial est d'une extrême fertilité. Les îles de Beaufort et celles qui se prolongent au sud vers Savannah, au nord vers Charleston, sont ces fameuses *îles de la mer* (*sea islands*), qui produisaient la variété du coton à longue fibre, si recherchée pour la fabrication des étoffes délicates (1). Grâce à l'exportation de cette précieuse denrée et de l'excellent riz qu'ils obtenaient en abondance, les propriétaires de l'archipel étaient devenus les plus riches de la Caroline du sud : l'affluence des étrangers qui venaient, pendant la belle saison, respirer la brise de la mer, contribuait encore à grossir leur fortune. Aussi presque tous les planteurs possédaient-ils un nombreux domestique et des centaines de nègres de champ. Sur 40,000 habitans du comté, 33,000 étaient esclaves. Dans tous les états du sud, il n'existait en 1860 que sept comtés où la proportion des noirs fût plus élevée relativement à la population blanche.

Les planteurs de l'archipel de Port-Royal firent preuve d'une complète unanimité dans leurs sentimens de haine envers les hommes du nord et d'un dévouement absolu à la cause qu'ils avaient embrassée. Appartenant à une caste de grands seigneurs qui se tar-

---

(1) En 1860, le district de Beaufort en avait fourni 12,672 balles.

guent d'une noble origine et méprisent souverainement les classes ouvrières et mercantiles de la Nouvelle-Angleterre, les habitans de Beaufort ne voulurent pas même se trouver en contact avec leurs vainqueurs et s'empressèrent de quitter l'archipel, accompagnés de leurs familles et de leur suite de petits blancs. En cette occasion, ils donnèrent un exemple qui, depuis lors, n'a été que très partiellement suivi dans les divers pays à esclaves conquis par les armes fédérales : ils mirent le feu à leurs entrepôts de coton, détruisirent les approvisionnemens de tout genre qu'ils ne pouvaient emporter, commencèrent eux-mêmes à saccager leurs demeures, et s'ils laissèrent sur pied les récoltes de coton déjà presque mûres, ce fut uniquement parce qu'ils n'eurent pas le temps de les ravager. Toutefois il leur restait leur fortune vivante, consistant en mulets, en bestiaux et surtout en esclaves. Avant l'arrivée de la flotte fédérale, quelques propriétaires avaient déjà expédié sur le continent un certain nombre de leurs nègres, d'autres avaient prêté une partie de leurs travailleurs au gouvernement de l'état pour la construction des remparts de Charleston; mais la majorité des esclaves se trouvait encore dans l'archipel lorsque les forteresses de Port-Royal tombèrent entre les mains des *Yankees*. — Aussitôt les planteurs songèrent à la retraite. Choisissant d'abord leurs noirs les plus robustes et les plus adroits, ceux dont les bras ou l'intelligence représentaient le plus fort capital, ils poussèrent devant eux ce troupeau d'hommes désarmés, et plus d'une fois, si l'on en croit le témoignage unanime des noirs, ils firent usage de leurs carabines pour abattre les malheureux qui tâchaient de s'enfuir. Quoi qu'il en soit, l'approche des fédéraux ne permit pas aux sécessionistes d'emmener tous leurs nègres : la plupart des domestiques vieux ou infirmes, les enfans n'ayant qu'une faible valeur monétaire furent abandonnés dans les cases. Parmi les nègres de champ, un grand nombre trouvèrent le moyen de se cacher et ne se montrèrent qu'après le départ de leurs maîtres. Souvent on leur avait raconté que le seul but des féroces *Yankees* était de capturer les esclaves et de les vendre aux planteurs de Cuba; néanmoins, dans leur incertitude, les malheureux noirs préféraient rester sur les plantations, attendant leur destinée dans le voisinage des cases et des jardinets qui constituaient leur unique patrie. Ils avaient au moins cette triste consolation, que dans aucun cas les nouveau-venus ne pourraient leur imposer une condition plus dure que celle de leur précédent esclavage. On évalue à 8,000 environ le nombre des nègres qui restèrent dans l'archipel de Beaufort après la fuite précipitée des propriétaires. La moyenne des esclaves trouvés par les fédéraux sur chaque plantation dépassait quarante.

Aussitôt après avoir pris possession des forts, le général Sherman, commandant les troupes de terre de l'Union, lança une proclamation à l'adresse des blancs de la Caroline du sud. Dans ce manifeste, conçu en termes très modérés, le chef des troupes fédérales se plaçait sur le terrain purement constitutionnel : il reconnaissait la légalité de l'esclavage, déclarait « ne vouloir en aucune manière léser les droits et les priviléges des citoyens ou s'immiscer dans leurs institutions locales et sociales, et protestait de son dévouement respectueux envers le grand état souverain de la Caroline du sud; » mais il affirmait aussi que « le devoir constitutionnel de sauvegarder l'Union primait tous les autres, et que le maintien des lois spéciales de l'état devait être subordonné aux nécessités militaires créées par l'insurrection. » En dépit de cette affirmation menaçante, il n'en reste pas moins avéré que le général Sherman se croyait encore tenu d'exécuter la loi sur les esclaves fugitifs. Le 9 janvier 1861, il fit rendre un noir qu'un citoyen de la Virginie resté fidèle à l'Union prétendait lui appartenir.

Heureusement que les planteurs caroliniens de l'archipel s'étaient enfuis, laissant derrière eux des milliers de nègres, et quand la proclamation du général unioniste fut affichée sur les murailles de Beaufort, il ne restait plus dans le village qu'un seul blanc, misérable ivrogne qui n'avait pas eu la force de suivre les hommes de sa race. Les noirs étaient devenus les maîtres des riches habitations dont ils n'osaient naguère s'approcher qu'en tremblant. Plusieurs d'entre eux, fous de joie, ivres de leur liberté d'un jour, toutefois épouvantés secrètement de leur audace, s'étaient installés dans ces palais et faisaient litière de tous les objets de luxe, incompréhensibles pour eux. D'autres, profitant plus noblement de leur soudaine émancipation, allaient à la recherche d'un ami, d'un frère ou bien d'une femme et d'enfans qui avaient été jadis séparés d'eux, et qui habitaient des plantations éloignées; enfin un certain nombre de noirs, livrés en proie à une folle épouvante, ne songeaient qu'à se cacher pour échapper à ces hommes du nord, qu'on leur avait dépeints sous des couleurs si atroces, et qu'ils craignaient presque à l'égal de leurs anciens maîtres. En apercevant de loin les soldats fédéraux, ils couraient se réfugier dans les champs de cotonniers, dans les bosquets de chênes verts, ou bien au milieu des joncs, dans les bayous marécageux. Plusieurs centaines de nègres allèrent même chercher un asile dans les îlots inhabités de l'archipel, et ne se décidèrent à rentrer sur les plantations que rassurés par leurs amis ou poussés par la faim.

Il est à croire que la plupart des nègres de Beaufort, même ceux qui s'étaient livrés à une joie délirante en voyant leurs maîtres s'enfuir, n'osaient encore se flatter d'être devenus libres. Comme des enfans échappés de l'école, ils profitaient de l'absence des économes, et jouissaient de leur liberté inattendue avec une frénésie d'autant plus sauvage qu'ils y voyaient un simple répit à leur longue servitude. Du reste, la routine ordinaire de leur vie fut à peine troublée par quelques jours d'effervescence. Le commandeur nègre, naguère nommé par le planteur lui-même, avait encore gardé les clés du grenier et du magasin; c'était lui qui distribuait les rations quotidiennes de maïs et dirigeait les travaux accomplis en commun. Seulement il avait déposé le fouet, cet insigne distinctif de son ancien pouvoir, et n'imposait plus à ses compagnons que par le prestige d'autorité attaché à ses fonctions. On le voit, la servitude avait produit ses conséquences ordinaires : elle avait si bien tué la dignité dans l'âme des esclaves, que les malheureux, délivrés de leurs maîtres, obéissaient encore aux hommes chargés naguère de les fouetter !

Telle est l'influence démoralisante de la captivité, telle est aussi la défiance naturelle de l'esclave, qu'une forte portion des nègres de champ répondaient d'une manière évasive lorsqu'on leur demandait s'ils préféraient la liberté ou la continuation de l'esclavage. Pauvres gens abrutis, qui comprenaient à peine le sens de ce mot de liberté qu'on n'avait jamais prononcé devant eux, si ce n'est pour en flétrir les noirs affranchis, ils répondaient que « l'homme blanc pouvait disposer de leur sort à sa guise, » ou bien que, « s'ils tombaient entre les mains d'un bon maître, ils ne tiendraient pas à être libres, » ou bien encore « qu'ils accepteraient volontiers la liberté, si on leur donnait en même temps un protecteur blanc. » Ceux auxquels on demandait s'ils prendraient les armes pour aider à repousser une attaque de leurs anciens maîtres répliquaient en frissonnant que « l'homme noir, si longtemps traité comme un chien, n'oserait pas résister au blanc, et s'enfuirait devant lui. » Sentant par instinct que l'étude est la véritable initiation à la liberté, ils n'exprimaient avec énergie d'autre désir que celui d'apprendre, et ne réclamaient pas même la possession de leur propre corps. Bien différens des nègres de champ, que la tâche monotone et pénible des plantations avait généralement transformés en véritables machines, les noirs accoutumés à un travail plus intellectuel et plus indépendant, les pilotes, les charpentiers, les forgerons, parlaient un tout autre langage, et réclamaient hardiment la liberté. Dans l'île des Dames (*Ladies' island*), que les confédérés avaient abandonnée, et que les fédéraux n'occupaient pas encore, ces noirs s'armèrent et firent bonne garde pour empêcher le retour de leurs maîtres. Dans l'île de North-Edisto, d'autres noirs soutinrent le choc d'une compagnie de cavalerie rebelle, composée de planteurs, et la mirent en déroute.

Ne pouvant remettre des esclaves que personne ne lui réclamait, le général Sherman dut s'occuper de leur sort; mais au lieu de suivre à leur égard une politique franche et de leur déclarer que, devenus désormais des hommes libres, ils jouissaient de nouveaux droits et contractaient de nouveaux devoirs, il préféra garder sur cette question une réserve diplomatique : peut-être aussi attendait-il ses inspirations des événemens. Tous les nègres qui se présentèrent devant les officiers fédéraux furent engagés, les uns en qualité de domestiques, les autres comme portefaix ou arrimeurs. Chacun d'eux devait recevoir en échange de son travail un salaire mensuel de 10 dollars, soit 8 dollars en marchandises et 2 dollars en argent. Il est fâcheux d'avoir à constater que ces premiers engagemens ne furent pas toujours tenus avec une scrupuleuse exactitude : des fournisseurs sordides, chargés de livrer les marchandises aux nègres, leur donnaient le plus souvent des objets avariés et cotés à un taux exorbitant; en outre des maraudeurs, comme il s'en trouve à la suite de toutes les armées, volaient parfois aux noirs le produit de leurs peines. Quant aux nègres qui n'abandonnaient pas les plantations et continuaient les travaux de l'agriculture, ils devaient recevoir en guise de salaire la centième partie du coton qu'ils recueillaient. Les trois mille balles de la récolte représentant une valeur d'environ 4 millions de francs, il s'agissait donc de répartir entre des milliers de noirs une somme de 40,000 francs : c'était bien peu, et toutefois, ainsi que le constate le rapport officiel de M. Pierce, cette faible somme ne fut jamais payée.

Malgré ces déboires, malgré l'incertitude qui enveloppait encore la destinée des anciens esclaves, malgré la brutale conduite de quelques soldats envers les femmes de couleur, les nègres passèrent dans la joie leurs premiers mois de liberté relative. Leur bonheur était plus grand qu'ils n'avaient osé l'espérer. Ils pouvaient augmenter les dimensions des petits champs où ils cultivaient des *vivres* pour leur propre compte; ils reconstituaient librement leurs familles et ne craignaient plus de visiter leurs amis; enfin ils n'avaient plus à redouter le terrible fouet du commandeur. Chaque soir, ils allumaient de grands feux sur le rivage et passaient une partie de la nuit à danser, à chanter des cantiques, à pousser des cris d'allégresse, à répéter leurs prières « jusqu'à tomber en extase (1). » Avertis par la réverbération des flammes et par tout ce tumulte de joie, les esclaves des plantations riveraines du continent trompaient

______

(1) *Sing and pray their souls away*, dit un de leurs hymnes.

la surveillance de leurs maîtres, et s'échappaient pour avoir, eux aussi, leur part de liberté. Se cachant de jour dans les marécages, voguant de nuit dans les étroits bayous, souvent dépourvus de nourriture, exposés au froid intense de la saison, ils menaient leur fuite à bonne fin avec cette prudence, cette sagacité, ce courage passif qui caractérisent les races opprimées. Il ne se passait pas une journée que de nouveaux fugitifs n'arrivassent dans le camp fédéral, soit isolés, soit par bandes plus ou moins nombreuses. Des nègres venaient même de Charleston et de Savannah. Pendant le mois de mai 1861, six noirs s'échappèrent de Charleston sur un navire de guerre de six canons, et vinrent livrer leur prise, pavillon flottant, à l'escadre fédérale.

L'augmentation rapide de la population africaine de Port-Royal, les graves difficultés que cette foule de faméliques, sans cesse accrue, ajoutait au problème des approvisionnemens, et surtout les remontrances de la presse abolitioniste du nord, firent enfin comprendre au gouvernement américain qu'il fallait sans retard s'occuper de l'instruction des nègres et de leur organisation en société régulière. Le secrétaire des finances, M. Chase, envoya dans l'archipel un de ses amis, M. Pierce, simple volontaire, qui avait été précédemment chargé de surveiller et d'embrigader les nègres réfugiés sous le canon de la forteresse Monroe. M. Pierce, après s'être rendu un compte rapide de l'état des noirs et des plantations de Port-Royal, s'empressa d'expédier son rapport au secrétaire des finances, et partit pour Boston, où il exposa directement au public la situation des affaires et demanda le personnel et les fonds indispensables à la réussite de son œuvre. En même temps d'autres amis des noirs agissaient aussi à New-York et à Philadelphie. Des sociétés s'organisèrent, les souscriptions affluèrent, et moins de trois semaines après le premier appel de M. Pierce, quatre-vingt-treize missionnaires, parmi lesquels dix-neuf femmes, étaient déjà embarqués pour l'estuaire de Port-Royal. Leur mission était « d'agir en qualité de surveillans et d'instituteurs, les uns pour diriger les travaux des champs, les autres pour enseigner aux enfans et, s'il était possible, aux adultes les premiers élémens des connaissances humaines, pour inculquer aux élèves le respect de leur propre dignité et l'habitude de compter sur eux-mêmes. » Cette petite armée pacifique, bien plus importante dans l'histoire de la civilisation que tous les corps de troupe expédiés de part et d'autre depuis le commencement de la guerre civile, se composait presque en entier d'agens envoyés aux frais de sociétés particulières ; trois seulement avaient reçu leur mission du gouvernement fédéral.

A la fin du mois de mars 1862, lorsque M. Pierce revint à Port-

Royal accompagné de son état-major d'instituteurs, la population africaine qu'il avait à diriger comprenait 9,050 personnes, sans compter 2,000 noirs établis dans les camps fédéraux, sous la surveillance directe de l'autorité militaire. En outre il devait pourvoir aux besoins des nègres fugitifs et les répartir sur les diverses plantations. Son œuvre offrait de grandes difficultés. Sur les 9,050 noirs de l'archipel, 693 étaient vieux, malades ou infirmes, 3,619 enfans n'étaient pas encore en âge de travailler, enfin 309 artisans manquaient complétement d'instrumens et ne pouvaient être utilisés que pour le jardinage. Les charrues et les autres instrumens agricoles étaient en grande partie hors de service; quant aux mulets et aux chars, ils avaient été mis en réquisition pour les besoins de l'armée, et tous les transports devaient désormais se faire à dos d'homme. Un obstacle plus grand encore se présentait : le gouvernement fédéral avait instamment recommandé la culture si importante du cotonnier *sea-island*; mais les nègres se refusaient à cultiver cette plante, qui leur rappelait seulement les misères de leur vie passée. Sans attendre les conseils des surveillans, ils s'étaient empressés d'accroître considérablement les dimensions des carreaux que les planteurs leur avaient concédés jadis, et, comprenant qu'il importait surtout d'obtenir une forte récolte de vivres pour éviter la famine, ils avaient semé du maïs sur une étendue considérable de terres; mais nulle part ils n'avaient continué la culture du cotonnier. Cependant ils n'osèrent pas résister longtemps aux conseils d'instituteurs qui les traitaient en hommes libres, et, bien que la saison fût déjà très avancée, ils se mirent courageusement à l'ouvrage. Sur 5,518 hectares mis en culture, les deux cinquièmes environ furent consacrés au coton. A une balle par hectare, ce qui est à peu près le rendement moyen pour le coton *sea-island*, on aurait pu compter sur un produit de plusieurs millions de francs; mais les intempéries et le retard apporté dans les travaux ont donné raison à la répugnance des nègres pour la culture du cotonnier : la récolte a été presque nulle, et désormais tout le travail des plantations s'est reporté sur la production des vivres.

La déférence avec laquelle les noirs de l'archipel se rendent aux conseils qu'on leur donne est d'autant plus remarquable que l'autorité des missionnaires est purement morale. L'entrée des plantations est interdite aux soldats fédéraux, et les officiers eux-mêmes ne peuvent y pénétrer qu'en qualité de visiteurs. Les surveillans, parmi lesquels se trouve une femme, déploient en général une grande activité; mais, trop peu nombreux pour diriger personnellement les travaux, ils doivent se borner à parcourir successivement les cinq ou six plantations qui leur sont confiées, et dont plusieurs sont situées à quelques lieues de distance les unes des autres. D'ailleurs la plupart des surveillans, n'étant pas agronomes et n'ayant que des notions insuffisantes sur la culture des plantes du sud, sont obligés de s'en remettre complétement, pour l'ordonnance des travaux, à l'intelligence des nègres eux-mêmes. Ceux-ci, visités seulement de semaine en semaine et laissés pendant l'intervalle à leur propre initiative, ne cessent de travailler avec la même régularité, mais avec plus d'entrain qu'autrefois, et ne négligent aucune précaution nécessaire à la réussite de leurs cultures. Groupés en communes réellement indépendantes, mais encore trop peu dégagés des habitudes de l'esclavage pour adopter les mœurs républicaines et nommer directement leurs fonctionnaires, ils ont généralement accepté en qualité de directeur (*leader*) l'ancien commandeur (*driver*). Celui-ci peut encore punir, mais seulement dans les cas graves et avec l'autorisation du surveillant. Alors il condamne les hommes coupables de paresse ou de quelque délit à se tenir debout sur une barrique devant leurs compagnons de travail; quant aux femmes, il ne les soumet pas à la honte d'une punition publique et se contente de les enfermer dans une chambre noire. Ce sont là des procédés enfantins; mais en tout cas ils produisent de meilleurs résultats que le fouet et le collier de force. De février en mai 1862, on n'eut pas même besoin de recourir quarante fois à ces punitions naïves, car la première conséquence d'une liberté encore rudimentaire fut d'apprendre au nègre qu'il devait respecter en sa propre personne la qualité d'homme libre. Le châtiment suprême, celui de mettre le nègre aux arrêts au nom de la loi, n'a jamais été appliqué sur les plantations : c'est là un déshonneur auquel pas un des anciens esclaves de Beaufort, naguère dégradés et abrutis, n'a voulu s'exposer.

Malheureusement la question si épineuse de la propriété du sol n'a point encore été tranchée, et l'on semble s'en remettre pour la solution de ce grand problème à la décision des événemens. Cependant après la certitude de leur liberté, il n'en est pas de plus importante pour les noirs que celle de leur transformation en propriétaires; d'ailleurs ont-ils donc moins de droit que les maîtres loyaux à une indemnité pour leur longue servitude et les souffrances qu'ils ont endurées? Une décision prompte est à cet égard d'autant plus nécessaire qu'il ne manque peut-être pas de spéculateurs avides guettant comme des oiseaux de proie le moment favorable pour se substituer aux anciens maîtres et devenir en réalité propriétaires d'esclaves sous prétexte de philanthropie. Provisoirement, la terre abandonnée par les Caroliniens est devenue le domaine du gouvernement américain qui fait exploiter les habitations à son profit; toutefois il est entendu de part et d'autre que le champ réservé attenant à la cabane, ce *negro-patch* comparable au *gorod* du moujik russe, est désormais la propriété de l'Africain. Bien avant le lever du soleil et longtemps après la tombée de la nuit, on peut voir les nègres à l'ouvrage dans ces petits jardins qui sont pour eux la preuve incontestable de leur liberté.

Les noirs cultivent comme par le passé les grandes plantations; mais, pleins de répugnance pour la hideuse promiscuité dans laquelle les maintenait la volonté des planteurs, ils se refusent à travailler comme autrefois par grandes chiourmes ou *gangs,* et préfèrent recevoir séparément leur tâche journalière. De son côté, le gouvernement des États-Unis s'engage à leur fournir des vêtemens et la nourriture, et de temps en temps il leur fait distribuer de petites sommes en attendant que la valeur réelle de leur travail ait été fixée d'une manière certaine. Sans doute les énormes dépenses auxquelles doit suffire le trésor fédéral pour l'achat des munitions de guerre, l'entretien de la flotte et de l'armée, la construction des navires cuirassés, ne permettent pas au secrétaire des finances de rémunérer équitablement les pauvres nègres libérés de Port-Royal; ceux-ci deviennent en dépit d'eux-mêmes créanciers de l'état, et, bien que leur travail soit une source considérable de revenus (1), ce n'est point eux, nous le craignons, qu'on songe à payer les premiers. Cependant, si les sommes distribuées ne représentent qu'une très faible partie des salaires échus, les travailleurs de l'archipel les reçoivent néanmoins avec joie, car ils les considèrent comme les gages positifs de leurs nouveaux droits. Quant aux noirs employés dans les camps de Port-Royal pour le service de l'armée, ils touchent assez régulièrement leur salaire, qu'un ordre du général Sherman a fixé de 4 à 12 dollars, suivant l'âge, les forces et l'habileté des travailleurs. Du reste, ceux d'entre eux qui savent économiser leurs ressources ont pleine liberté de s'établir comme artisans dans les villages des îles, ou bien de s'installer sur des champs abandonnés pour les cultiver en vrais *gentlemen farmers.*

Si les nègres des plantations ont été jusqu'ici moins régulièrement payés que leurs frères occupés au service des camps, ils ont heureusement les mêmes occasions de s'instruire, et ils en profitent avec une joie extrême. Quand le nègre tient un livre dans ses mains, il est comme transformé, il est devenu tout un autre homme, car il commence à pénétrer enfin ces mystères du « papier parlé, » qui,

(1) Au 1ᵉʳ janvier 1863, le gouvernement fédéral avait dépensé 225,705 dollars pour les nègres de Beaufort, et lo produit de leur travail était évalué à 721,081 dollars. Ainsi le bénéfice net dépasse 500,000 dollars. Dans son rapport officiel, M. Chase reconnaît que cette somme appartient légitimement aux nègres eux-mêmes.

pendant de si longs siècles, lui semblaient témoigner en faveur de la divinité du blanc. Plus de trois mille élèves, — tous les enfans en âge de comprendre, aussi bien que les invalides et nombre de vieillards, — se rendent journellement aux diverses écoles établies dans les villages ou sur les plantations de l'archipel; le soir, quand les enfans rentrent dans leurs cabanes, ils se font professeurs à leur tour et servent de répétiteurs à leurs parens, qui ne peuvent assister qu'à l'école du dimanche. Quelle joie pour les nègres d'ouvrir enfin ce terrible alphabet qu'ils n'auraient pu toucher autrefois sans risquer la torture du fouet, cet alphabet qu'un blanc n'eût pu leur déchiffrer sans se faire condamner à des années d'emprisonnement! Grâce à l'influence exercée sur eux par leurs instituteurs dévoués et par quelques-unes de ces femmes de la Nouvelle-Angleterre qui cachent une âme si fortement trempée sous des dehors si gracieux, les noirs de Beaufort deviennent policés; leurs mœurs s'adoucissent, leur langage, qui d'ailleurs n'avait jamais été mélangé de ces jurons si communs dans les bouches américaines, se purifie singulièrement et ne ressemble plus au jargon ridicule que la tradition prête à « Sambo. » Leurs cases, jadis d'une saleté sordide, sont maintenant presque toutes blanchies à la chaux et tenues avec une grande propreté. On y voit quelques meubles autres que l'ancien grabat; des centaines de familles ont déjà poussé l'amour du comfortable et du beau jusqu'à mettre des vitres à leurs fenêtres et à coller des cartes et des gravures sur les murailles. L'initiative s'est aussi réveillée chez les noirs d'une manière remarquable, et quelques mois à peine après leur émancipation ils prenaient la résolution de pourvoir eux-mêmes aux frais de leur culte, « attendu que la conscience individuelle ne doit reconnaître aucun intermédiaire entre elle et Dieu. » Enfin la joie bruyante et naïve qui caractérise les nègres dans leur état normal commence à faire briller le regard des travailleurs de Beaufort, jadis mornes et abattus. Les négrillons, qui n'avaient aucune espèce de jeux et ne connaissaient d'autre plaisir que celui de se traîner sur le sol ou de se battre en cachette au milieu des ordures, s'amusent aujourd'hui sans crainte à tous les jeux de force et d'adresse avec le même entrain que les petits blancs des écoles du nord.

Les chants des noirs sont également une preuve évidente du changement immense qui s'est opéré. Doués d'un remarquable instinct musical comme la plupart des Africains, les nègres de la Caroline du sud ont l'habitude d'accompagner leur travail par le chant de quelques paroles très simples, exprimant presque toujours un sentiment religieux. Autrefois les airs, chantés sans exception sur le mode mineur, étaient singulièrement mélancoliques ou mêmes lugubres, et quand on entendait résonner au loin ces paroles dolentes, mesurées par le bruit des pioches ou par la cadence des rames, on ne pouvait s'empêcher d'être saisi d'une tristesse profonde. Une seule idée se retrouvait dans tous les chants des noirs, celle de la souffrance physique ou morale, qui est la destinée de l'esclave; si la ritournelle renfermait en général un mot d'espérance, elle disait aussi que cette espérance, irréalisable sur notre terre, ne pouvait éclore que dans le ciel. « Nous trouverons enfin le repos! » — « Dieu nous délivrera! » — « Patientons! patientons! » — Tels étaient les refrains que les nègres chantaient en chœur après avoir entendu la voix de solo raconter leurs peines. Le chant le plus répandu était celui de *la Pauvre Rosy,* que l'on peut considérer comme le type de toutes les autres mélopées des esclaves d'Amérique. Chaque stance se compose d'un seul vers répété trois fois avec une lenteur croissante, et suivi d'un refrain plus rapide. Nous donnons ici les quatre premières stances de cette chanson de douleur :

« Pauvre Rosy, pauvre fille! — pauvre Rosy, pauvre fille! — pauvre Rosy, pauvre fille! — Le ciel sera ma demeure!

« Dures épreuves sur mon chemin!... — ... Le ciel sera ma demeure!

« Je me demande pourquoi ces gens-là m'en veulent!... — Le ciel sera ma demeure!

« Quand je parle, je parle avec Dieu!... — Le ciel sera ma demeure! etc. »

Tels étaient sans exception les chants des nègres de Beaufort avant la fuite de leurs maîtres; mais, chose remarquable, depuis que l'aube de la liberté a commencé de luire pour eux, ils ont appris à chanter gaîment, et, changeant l'allure de leur voix, ils ont adopté le mode majeur. Une de leurs nouvelles chansons, simple contre-partie des anciennes, raconte les souffrances auxquelles ils viennent d'échapper, tandis que le refrain, prononcé plus gravement que le reste, rappelle sans doute, en guise de moralité, la mort des planteurs qui tombent frappés sur les champs de bataille :

« Je n'entends plus l'appel du commandeur, — je n'entends plus l'appel; — je n'entends plus l'appel du commandeur. — Des milliers et des milliers périssent!

« On ne me jette plus mon picotin de maïs, — on ne me jette plus mon picotin; — on ne me jette plus mon picotin de maïs. — Des milliers et des milliers périssent!

« On ne me donne plus cent coups de fouet, — on ne me donne plus cent coups; — on ne me donne plus cent coups de fouet. — Des milliers et des milliers périssent! etc. »

Toutes ces remarquables transformations opérées dans la vie des nègres de Beaufort se sont accomplies avant qu'ils eussent acquis la certitude de leur liberté et le titre de citoyens de l'Union. Toujours un doute redoutable planait sur l'avenir, et ce fut plus d'une année après la fuite de leurs maîtres que le général Saxton les réunit au bruit des fanfares et leur cria : « Vous êtes libres! vous êtes libres! Répétez cette parole à vos frères, et que bientôt de chaque cabane du continent on entende un écho : Moi aussi je suis libre! » Et pourtant cette période intermédiaire d'apprentissage, pendant laquelle les anciens esclaves ont dû souvent se demander quelle serait leur destinée, a produit des résultats inespérés. Par une singulière coïncidence, c'est dans la Caroline du sud, à l'endroit même où la sécession, fondée sur la servitude du noir, avait pris son origine, qu'a commencé également la première expérience sérieuse tentée sur le sol américain pour transformer les esclaves en hommes indépendans et comptant sur eux-mêmes. Ces mêmes Africains qui ne savaient guère que répondre quand on leur demandait s'ils désiraient la liberté la chérissent aujourd'hui d'un amour farouche, et en même temps les sentimens les plus nobles, l'amour de la patrie, du devoir, de la justice, se sont réveillés dans leurs âmes. Ils ont tenu tout ce que leurs amis espéraient d'eux; à cette heure c'est aux blancs de remplir leur devoir.

L'expérience est décisive. Quand bien même l'archipel de Beaufort devrait être reconquis par les confédérés, quand même les libres colonies de nègres devraient être de nouveau transformées en de hideux campemens d'esclaves, les résultats obtenus n'en resteraient pas moins acquis à l'histoire; il n'en resterait pas moins prouvé que le nègre affranchi du sud se met à l'œuvre avec plaisir, s'instruit et s'améliore avec ardeur, et voit dans le travail sous toutes ses formes le vrai gage de sa liberté. Telles ont été les conséquences d'une première année de guerre pendant laquelle le gouvernement fédéral de Washington n'osait pas encore prononcer la grande parole d'émancipation. Quelles seront les suites de la politique plus franche adoptée aujourd'hui par les hommes du nord, devenus abolitionistes en dépit d'eux-mêmes? Cette question mérite d'être étudiée à part.

ÉLISÉE RECLUS.

LES
NOIRS AMÉRICAINS
DEPUIS LA GUERRE

II.

LES PLANTATIONS DE LA LOUISIANE. — LES RÉGIMENS AFRICAINS. — LES DÉCRETS D'ÉMANCIPATION.

I. *Les États-Unis d'Amérique en 1863*, par M. Bigelow, Paris 1863. — II. *La Terreur blanche au Texas et mon évasion*, par M. J.-C. Houzeau, membre de l'académie de Belgique, Bruxelles 1862. — III. *The Freed men of South Carolina*, by J. M. Mac Kim, 1862. — IV. *Official reports on the Negroes of South Carolina*, by Edward Pierce, 1862. — V. *The Slave Power; its character, career and probable designs*, by J. E. Cairnes, London 1862.

I.

Dans une précédente étude (1), nous avons indiqué les changemens sociaux qui se sont produits en Amérique pendant la première période de la guerre civile. Au commencement de l'année 1862, on avait déjà mis un terme à l'extension de l'esclavage et libéré de nombreux captifs; mais on n'avait point encore porté la moindre atteinte à la majesté des lois qui consacraient la servitude. On avait tremblé à la pensée de s'attaquer au véritable ennemi, à cette *institution* qui venait de scinder la république en deux fractions hostiles, et qui, pendant trois quarts de siècle, avait lentement perverti le sens moral des citoyens. Il est vrai que plusieurs orateurs s'étaient levés dans les deux chambres du congrès pour exposer des mesures

(1) Voyez la *Revue* du 15 mars 1863.

d'affranchissement; mais leurs propositions n'avaient pas abouti. La plupart des représentans et des sénateurs savaient déjà parfaitement quelle était la source de tous les malheurs de leur pays; ils savaient aussi que tôt ou tard ils seraient obligés de s'en prendre à cette cause fatale de la rébellion, et pourtant ils n'osaient toucher à la propriété sacrée du planteur. On eût dit qu'ils craignaient de réveiller dans les salles du Capitole l'écho de ces voix tonnantes qui célébraient naguère les louanges de l'esclavage et le mettaient hardiment sous la sanction de Dieu lui-même!

Ce fut au président que revint l'honneur de proposer une première mesure d'émancipation, suffisante à elle seule pour amener l'extinction de la servitude dans l'Amérique entière. Le message de M. Lincoln, soumis au congrès de 1862 vers le commencement de la session, était complétement inattendu, et il produisit une véritable commotion, semblable à un choc électrique. Cependant les propositions de ce message étaient parfaitement constitutionnelles et n'empiétaient en aucune manière sur les droits reconnus des législatures locales. Le président demandait simplement aux représentans de la nation de voter des fonds pour venir en aide aux états qui voudraient émanciper leurs nègres en indemnisant les propriétaires. Choisissant la politique la plus habile, qui consiste à dire sa pensée avec une entière sincérité, il suppliait les états à esclaves restés fidèles de vouloir bien accepter le plan de rachat, et ne leur cachait point qu'il voulait ainsi déplacer leurs intérêts et les détourner de toute pensée d'alliance avec la confédération du sud. Puis, abordant la question financière, il constatait que les dépenses courantes, employées maintenant à verser le sang, suffiraient pour racheter en peu d'années les nègres de toute la confédération américaine. Enfin il se permettait une allusion discrète au droit qu'il possédait d'abolir purement et simplement l'esclavage et rappelait aux séparatistes que, l'Union devant être reconstruite à tout prix, la guerre continuerait indéfiniment, et pourrait amener avec elle bien des « incidens imprévus. » M. Lincoln s'était exprimé dans un langage d'une grande modération et avec un « profond sentiment de la responsabilité qu'il encourait devant son Dieu et devant son pays; » néanmoins son message, écouté comme une prophétie, ouvrait sur l'avenir une perspective immense. Tous sentirent que c'était bien là le premier coup de hache porté à la racine de l'arbre qui avait si longtemps couvert l'Amérique de son ombre fatale.

La proposition du président fut vivement appuyée par le congrès, et parmi les votes approbatifs on remarqua principalement ceux de plusieurs représentans des états du centre. Après avoir ainsi adressé un conseil au peuple américain et voté le principe de l'émancipation par la voie du rachat, le congrès n'avait plus à intervenir et devait laisser aux états eux-mêmes le soin de fixer leur destinée; mais s'il lui était défendu par la constitution de se mêler des affaires intérieures des divers états de l'Union, il pouvait au moins leur donner un bon exemple en émancipant au plus tôt les esclaves de la Colombie, placée sous sa juridiction immédiate. Ce petit district, enclavé entre le Maryland et la Virginie, était encore déshonoré par la présence de plus de 3,000 esclaves que régissait un abominable *code noir*. En vertu de ces règlemens, tout nègre convaincu d'avoir brisé un réverbère, ou bien attaché un cheval à un arbre, ou bien encore lancé un pétard à moins de 100 mètres d'une maison, était passible de trente-neuf coups de fouet. Le congrès républicain ne pouvait plus autoriser de pareilles horreurs dans son domaine. Bientôt après avoir approuvé le message du président, les chambres adoptèrent, à la majorité des deux tiers, un bill affranchissant ces malheureux noirs colombiens, qu'en style parlementaire on désignait par la périphrase de « certaines personnes astreintes au service ou au travail. » Le total de l'indemnité allouée aux propriétaires fut fixé à 1 million de dollars; en outre le congrès vota une somme de 100,000 dollars pour venir en aide aux nègres qui témoigneraient le désir de s'expatrier.

Dès que l'adoption du bill fut connue dans Washington, le Capitole fut salué par un immense cri de joie. La population de couleur, composée pour les trois quarts de nègres libres, parfaitement initiés à la vie politique, était dans une jubilation impossible à décrire : de toutes parts elle se précipitait dans les églises pour donner un libre cours à son enthousiasme par des actions de grâce, des hymnes et des pleurs de joie. De temps en temps on apprenait que des propriétaires avides, profitant des quelques jours de répit qui leur restaient encore, emmenaient de force leurs noirs les plus vigoureux et leurs plus belles mulâtresses pour les vendre sur les marchés du Maryland à un prix supérieur au chiffre de l'indemnité; mais ces douleurs de famille se perdaient dans l'allégresse universelle. L'affranchissement des esclaves de la Colombie, que le sénateur Sumner n'avait pu proposer en 1850 sans courir de véritables dangers pour sa vie, était désormais une réalité. Les orateurs qui parlaient de justice et de liberté dans les salles du Capitole n'étaient plus exposés à entendre en guise de réponse les cris d'un esclave flagellé par le fouetteur public. Après leur mise en liberté, les noirs, qu'on avait accusés d'avance de préparer une bacchanale de crimes, continuèrent d'être les citoyens les plus paisibles de Washington; ils ne songèrent pas même à quitter leurs anciens maîtres, et se contentèrent d'exiger, en échange de leurs services, un salaire mensuel de 8 à 12 dollars. Quant au subside voté par le congrès pour favoriser l'émigration des affranchis, il resta complétement sans emploi. Aussi bien que les blancs, les noirs se permettent d'aimer le pays qui les a vus naître, et puisqu'ils y trouvent la liberté, quelle raison auraient-ils de le quitter désormais? Comme leurs frères nés libres, ils sauront y conquérir l'aisance, et contribuer par leur travail à la prospérité de tous (1).

En émancipant les esclaves du district fédéral, le congrès n'avait heureusement pas épuisé tous ses pouvoirs constitutionnels : il pouvait également abolir la servitude dans les *territoires* de l'Union, c'est-à-dire dans les diverses contrées de l'ouest qui n'ont pas encore une population assez considérable pour être élevées au rang d'états. Par cette mesure générale d'affranchissement, les chambres de Washington rentraient dans la tradition du droit national et confirmaient la célèbre ordonnance de 1787, que les propriétaires d'esclaves avaient constamment violée depuis 1820, époque de l'admission du Missouri. En 1854, une dernière violation des lois, plus audacieuse que les précédentes, avait ouvert à l'esclavage l'immense étendue des territoires; maintenant, par un juste retour du sort, cet espace, presque aussi vaste que la partie déjà colonisée des États-Unis, est à jamais fermé à tous les propriétaires de nègres. Il était temps. Grâce aux faveurs du pouvoir qui avaient partout suivi l'institution de l'esclavage, il s'était introduit jusque dans les territoires où le climat et les cultures agricoles semblaient exiger le travail libre. Le Nebraska lui-même, situé dans la partie la plus septentrionale de l'Union, comptait parmi ses habitans quelques nègres asservis. Or; il faut l'avouer à la honte de la nature humaine, la richesse acquise par la criminelle possession d'autres hommes suffisant pour assurer aux planteurs une influence prépondérante sur presque tous leurs concitoyens, on pouvait craindre de voir les propriétaires d'esclaves entraîner vers la confédération du sud toutes les contrées qu'ils avaient envahies. Parmi les territoires où la servitude aurait pu facilement s'étendre et amener la rébellion comme conséquence forcée, il faut compter principalement l'Utah, déjà si redoutable par sa forte société théocratique, et le Nouveau-Mexique, qui semble une dépendance naturelle du Texas, et que M. Jefferson Davis n'a cessé de regarder comme faisant partie de la grande confédération du *cercle d'or* (2). L'acte d'émancipation a désormais écarté tout danger de scission dans le *far west*; sûrs de l'avenir,

(1) Lors du recensement de 1862, on comptait dans le district fédéral 3,181 noirs asservis et 11,131 Africains libres. En 1860, les évasions et les enlèvemens avaient réduit les esclaves au nombre de 2,989. Les indemnités touchées par les 999 propriétaires de ces nègres se sont élevées au total de 900,000 dollars, soit à 300 dollars par affranchi. Un marchand d'esclaves de Baltimore avait été chargé de fixer la valeur monétaire de tous les noirs libérés.

(2) Dans le territoire du Nouveau-Mexique, plus de 600 Indiens se trouvaient au nombre des esclaves.

les colons libres peuvent se diriger en paix vers ces contrées et former un cordon sanitaire autour de l'oligarchie des planteurs.

Peu important en apparence, puisqu'il libérait au plus quelques centaines d'esclaves, le bill d'affranchissement des territoires était en réalité l'acte le plus considérable émané de l'initiative du congrès depuis le commencement de la guerre. Non-seulement il maintenait dans le sein de l'Union américaine des contrées qui contiendront peut-être un jour cent millions d'hommes, mais il mettait un terme aux interminables querelles qui avaient agité les deux fractions de la république; il refoulait l'esclavage, auquel il faut pour exister un domaine sans cesse agrandi (1). C'était là un coup décisif porté à « l'institution patriarcale, » et si le congrès avait interrompu ses séances immédiatement après le vote, si les armées en marche s'étaient arrêtées soudain, le bill n'en aurait pas moins contenu en germe la mort de l'esclavage en Amérique. M. Sumner et d'autres abolitionistes ardens proposaient de rendre la mesure encore plus efficace en transformant par un vote tous les états insurgés en de simples territoires. De cette manière, les populations du sud auraient été condamnées d'avance à ne pouvoir rentrer dans le sein de l'Union sans modifier leurs constitutions locales pour assurer la liberté des nègres. Un simple décret d'émancipation voté par le congrès de Washington eût sans aucun doute été plus noble et plus hardi que l'ingénieux artifice conseillé par M. Sumner; mais les chambres, effrayées peut-être de l'œuvre qu'elles avaient accomplie déjà, ne se laissèrent entraîner ni à l'une ni à l'autre mesure. Elles se bornèrent à confirmer, en les aggravant, les bills de confiscation passés antérieurement, à modifier la loi d'extradition dans un sens favorable aux esclaves, à sanctionner un traité conclu avec la Grande-Bretagne pour l'énergique répression de la traite des noirs. À l'égard du principe de l'esclavage, cause unique de la guerre civile, le congrès continuait de donner des preuves de sa patiente longanimité; la lutte durait déjà depuis plus d'une année, et les législateurs se renfermaient encore dans les limites que leur avait tracées la constitution.

Le président Lincoln reculait aussi devant la nécessité qui devait tôt ou tard s'imposer à lui, et, plein d'anxiété sur les conséquences d'un décret d'émancipation, il ne négligeait aucune occasion de rappeler aux impatiens le texte formel de la loi. En mai 1862, quelques jours après le vote du bill affranchissant les esclaves des territoires, le général Hunter, qui commandait à Port-Royal, crut que le moment était venu de prononcer la grande parole, et, sans en avoir averti le gouvernement, il octroya de son propre chef la liberté à

______

(1) Avant la guerre, le sol libre constituait à peu près le tiers de la république; il en forme aujourd'hui les trois quarts.

tous les noirs de la Caroline du sud, de la Géorgie et de la Floride, c'est-à-dire à près d'un million d'hommes, le quart de toute la population servile. La nouvelle de cette mesure de guerre produisit dans le nord une très vive émotion, bien inférieure toutefois à celle qui avait accueilli la célèbre proclamation du général Frémont. L'esprit public avait fait de tels progrès depuis quelques mois, que le décret du général Hunter était presque attendu; seulement tous les regards se tournèrent vers le président pour savoir si le moment d'agir dans le même sens était enfin venu pour lui. La réponse ne tarda point. Par un message empreint d'une grande noblesse et d'une certaine mélancolie, M. Lincoln supprima comme inconstitutionnel l'édit du général Hunter; mais en même temps il affirma qu'il avait lui-même le droit d'émanciper les esclaves de tous les rebelles. Il rappela aux planteurs l'offre qu'il leur avait faite récemment pour le rachat des noirs; il conjura les séparatistes de ne pas se vouer à la ruine alors qu'on leur offrait généreusement un moyen de salut : « Ne voulez-vous pas accepter ma proposition? s'écria-t-il en terminant. Jamais, dans les temps passés, un seul effort n'aura pu, par la providence de Dieu, produire autant de bien qu'il est aujourd'hui votre glorieux privilége de pouvoir en accomplir! Puisse l'avenir n'avoir pas à déplorer que vous ayez négligé cette occasion unique! » Cet appel n'a pas été entendu. Avec cette exaspération que donne la conscience d'une mauvaise cause, les planteurs ont mieux aimé risquer leur vie et leur fortune que de descendre à la honte de transiger. Frappés de cette démence suprême que Jupiter inflige à ceux qu'il veut perdre, ils courent avec furie à leur ruine.

II.

Tandis que le congrès enlevait à l'esclavage par un vote décisif ces immenses territoires que les deux sections de la république s'étaient toujours disputés, la flotte fédérale, commandée par deux frères d'adoption, David Porter et David Farragut, arrachait aux séparatistes la grande métropole du sud, plus importante à elle seule qu'un grand état comme le Texas ou la Floride. La prise de la Nouvelle-Orléans donnait aux unionistes la possession complète de toute la Basse-Louisiane, peuplée d'environ 300,000 habitans, sur lesquels près de 100,000 étaient encore esclaves. En un seul jour, les états confédérés perdaient la vingt-cinquième partie de leur population. La nouvelle épreuve qu'avait à subir « l'institution particulière » allait s'accomplir sur une grande échelle.

Considérés en masse, les esclaves de la Basse-Louisiane forment une sorte de tribu distincte relativement aux autres nègres américains. Au commencement du siècle, les noirs de la Nouvelle-Orléans et des plantations voisines étaient presque tous *créoles*, c'est-à-dire nés dans le pays même ou dans les Antilles. Depuis, cette partie de la population esclave ayant considérablement décru par suite de l'insalubrité du climat et de l'aggravation du travail, les propriétaires n'ont pu remplir les vides de leurs chiourmes que par l'importation de nègres achetés au Kentucky et dans les autres états du centre. Aujourd'hui les créoles ne constituent plus qu'une faible minorité parmi les noirs du Bas-Mississipi, et leur ancien patois, si musical et si naïf, est remplacé par l'anglais. Toutefois l'élément créole ne s'est mélangé avec l'élément américain qu'à la condition de le transformer graduellement et de lui imprimer un tout autre caractère. Les esclaves d'origine louisianaise, en général assez fortement modifiés par le croisement de la race noire avec la race caucasienne, ont donné à leurs nouveaux compagnons de servitude un peu de cette grâce naturelle, de cette bravoure irréfléchie, de cette vanité chevaleresque qu'ils avaient reçues de leurs maîtres français et espagnols; en même temps ils ont acquis cette ténacité prudente et cette longue patience qui distinguent les nègres élevés par les Anglo-Américains. En développant leurs ressources intellectuelles et en fortifiant leur caractère, la fusion des noirs créoles et américains a eu pour résultat de leur faire chérir la liberté d'un amour plus vif et plus raisonné. A ce grand privilége que le croisement des races et des familles assure aux esclaves louisianais, il faut ajouter encore d'autres avantages : la proximité d'une cité puissante où se trouvent un grand nombre d'hommes de couleur, propriétaires et libres, les visites d'étrangers du nord et de l'Europe dissertant plus ou moins ouvertement sur l'esclavage en dépit de la sévérité des lois, enfin la présence de plusieurs nègres de Saint-Domingue racontant à leur manière la légende des anciennes guerres. Quand l'escadre des canonnières fédérales passa victorieusement devant les forts du Mississipi, la population asservie de la Basse-Louisiane était depuis longtemps préparée pour un changement. Les esclaves prêtaient l'oreille au bruit du canon avec autant d'anxiété que les planteurs.

Déjà plusieurs mois avant la prise de la Nouvelle-Orléans, le général Phelps, commandant les troupes unionistes stationnées à l'Ile aux Vaisseaux, avait adressé aux planteurs de la Louisiane une proclamation où la nécessité de l'affranchissement était nettement indiquée. Cet appel fut accueilli par le mépris et la colère dans les riches habitations des propriétaires blancs, mais il réveilla de tout autres sentimens dans les cases des nègres, où l'apportèrent les fils mystérieux de ce *télégraphe souterrain* qui met en communication tous les camps d'esclaves. Dans sa proclamation, malheureusement trop verbeuse, le général Phelps affirmait que désormais « les états à esclaves étaient moralement tenus d'abolir la servitude; » il prouvait que l'existence dans un même état de deux sociétés, l'une libre et l'autre esclave, devenait à la longue absolument impossible; il se demandait même s'il ne serait pas convenable d'extirper violemment l'esclavage par une révolution (*revolutionize slavery out of existence*), et terminait ainsi : « Le travail manuel est noble de sa nature et ne peut être systématiquement avili par aucune nation sans que la paix publique, le bien-être général et la force collective du peuple ne diminuent en même temps. Le travail libre est la base de granit sur laquelle doivent reposer les libres institutions. Aussi notre mot d'ordre sera partout et toujours : « le travail libre et les droits de l'ouvrier. » On comprend l'effet que de semblables paroles durent produire au milieu d'une société qui repose au contraire sur « le bloc de marbre noir, » et professe que « le capital doit posséder son travail, » c'est-à-dire les travailleurs eux-mêmes. Jusque dans les états du nord, la proclamation du général Phelps causa un grand scandale.

Entré en vainqueur à la Nouvelle-Orléans, le général Butler devait réaliser en grande partie l'œuvre d'émancipation que son prédécesseur avait annoncée aux Louisianais comme inévitable. Déjà la société tout entière était en voie de désorganisation : l'esclavage ne se maintenait plus que par la force de l'habitude, et, loin d'enrichir les maîtres, ne servait plus qu'à hâter leur ruine. On sait que les planteurs, endettés avant la guerre de plus d'un milliard envers les négocians du nord, avaient trouvé plaisant d'annihiler cette lourde dette par un solennel décret; mais cette manière expéditive de solder les comptes arriérés n'empêcha pas la guerre civile de produire immédiatement les conséquences les plus désastreuses dans toutes les plantations du sud. Le coton, qu'en Europe on eût payé au poids de l'or, ne valait plus même, dans les états confédérés, les frais d'expédition jusqu'au port d'embarquement; le sucre louisianais, auquel un tarif protecteur assurait jadis la clientèle de tous les états du nord, ne trouvait plus qu'un nombre limité de consommateurs et se vendait à peine au quart de son prix normal. Par suite de la cherté croissante de tous les objets de luxe et d'un grand nombre de denrées de première nécessité, les dépenses des planteurs augmentaient en proportion de l'amoindrissement de leurs revenus; de nouveau ils étaient obligés de s'adresser à des capitalistes qui leur procuraient à des taux usuraires les moyens de vivre et de continuer leurs exploitations agricoles; la pauvreté, puis la misère, entraient dans ces demeures jadis si luxueuses. Pour comble de malheur, les levées du fleuve, mal entretenues pendant cette année de discordes, avaient cédé sur plusieurs points à la pression des crues, et les eaux débordées avaient ravagé les campagnes. Dans

quelques parties de la Basse-Louisiane, la disette avait été suivie
d'une véritable famine, et lorsque le général Butler s'empara de la
Nouvelle-Orléans, un certain nombre de propriétaires avaient été
obligés de licencier leurs esclaves faute de pouvoir les nourrir.

Bientôt après, la position devint encore beaucoup plus grave
pour les planteurs louisianais établis sur les bords du Mississipi.
Ils se voyaient pris entre deux feux. En aval se trouvaient les forces
fédérales, gardant la métropole, qui est l'unique marché du pays,
le seul endroit où puissent s'opérer les échanges. En amont et dans
l'intérieur des terres, les troupes esclavagistes arrêtaient complètement le trafic, et faisaient tous leurs efforts pour affamer la Nouvelle-Orléans et les campagnes voisines. Le gouverneur séparatiste
Moore, réfugié à l'ouest du Mississipi, dans le district des Atta-
kapas, interdisait aux planteurs tout commerce avec l'ennemi, et
leur défendait de mettre le pied dans aucune ville occupée par les
Yankees. Le général Van Dorn, campé dans la région orientale de
l'état, enjoignait à tous les riverains du Mississipi, sans exception,
d'abandonner leurs demeures et de se retirer avec leurs familles et
leurs domestiques à huit milles au moins dans les forêts de l'intérieur. Ne pouvant se conformer à un ordre semblable, qui était pour
eux une véritable condamnation à mort, les planteurs s'exposaient à
se faire traiter en ennemis par les confédérés eux-mêmes. Les habitans de la paroisse de Saint-Tammany ayant écrit au général esclavagiste Ruggles pour lui exposer leur triste situation et lui demander
l'autorisation d'échapper à la famine en vendant aux Orléanais des
briques et le bois de leurs forêts, il leur fut répondu : « Vos fils et
vos frères sont morts sous les balles; c'est à votre tour de vous sacri-
fier. Mourez de faim! » Pour aggraver encore la détresse universelle,
des bandes de petits blancs parcouraient diverses paroisses en pillant
les planteurs, ou bien en payant leurs denrées avec de faux billets.

L'esclavage, qui ne peut subsister longtemps sans les rigueurs
d'une forte discipline et sans une régularité automatique des habitudes, se maintenait à grand'peine dans une société si complétement
désorganisée. D'ailleurs, sur la plupart des habitations, les blancs,
dans les rangs desquels la guerre civile avait déjà fait bien des vides,
étaient trop peu nombreux pour employer des mesures de rigueur
contre leurs noirs : les coups de fouet, le carcan, le cachot, étaient
forcément tombés en désuétude, et les économes des plantations
n'avaient plus d'autres moyens de se faire écouter que les flatteries
et les prières. La désertion était devenue générale. Même à l'époque terrible de la domination absolue des planteurs, des centaines
de nègres *marrons*, poussés par un invincible amour de la liberté,
avaient préféré vivre, dans les bois ou dans les marais, de la vie des
bêtes sauvages, exposés à la faim, au froid, aux hasards d'un com-

bat à outrance avec les limiers des chasseurs. Maintenant des milliers de noirs suivaient l'exemple donné par leurs compagnons plus hardis. N'ayant plus de dangers à courir, ils émigraient par groupes de familles; munis de leurs provisions et de leurs instrumens de travail, ils allaient établir leurs campemens sur la lisière des bois, et semaient du maïs pour leur propre compte dans le sol récemment défriché. Ainsi la seule approche des fédéraux suffisait pour faire évanouir cette institution que les planteurs prétendent être le fondement même de leur société. Les nègres marrons, assez nombreux pour mettre les plantations à feu et à sang et pour égorger leurs anciens maîtres, ne vengèrent point leurs longues souffrances et celles de leurs frères qui avaient été pendus avant la guerre. Naturellement doux, bienfaisans et dévoués, les noirs de la Louisiane abhorrent la vue du sang, et l'on a même vu des nègres se faire sauter la main d'un coup de hache pour ne pas servir de bourreaux. En 1861, au milieu de la décomposition générale de la société créole, les esclaves ne firent jamais usage de leurs armes, si ce n'est dans le cas de défense personnelle. Sur l'habitation Millaudon, l'économe fut tué par un noir qu'il venait de faire cruellement fustiger. A la Nouvelle-Orléans, cent cinquante nègres fugitifs essayèrent vainement de se frayer un passage à main armée à travers une compagnie de constables qui voulaient s'emparer d'eux pour les incarcérer comme esclaves. Qui oserait leur reprocher d'avoir ainsi défendu leur liberté, si tardive, hélas! et si précaire?

Sur quelques plantations, des noirs intelligens, profitant de l'extrême embarras de leurs maîtres, prirent l'initiative d'un mouvement qui devait amener un changement radical dans les conditions du travail et dans les relations entre les planteurs et leurs ouvriers d'origine africaine : ils se déclarèrent prêts à continuer leurs travaux habituels, pourvu qu'en échange on leur assurât un salaire régulier, soit en argent, soit en nature. Chose remarquable, et qui prouve clairement que la servitude des noirs avait toujours eu l'intérêt le plus grossier pour unique raison d'être, un grand nombre d'habitans acceptèrent les conditions posées par ceux qu'ils n'avaient pas cessé d'appeler leurs esclaves. Des planteurs qui avaient encore quelques ressources monétaires s'engagèrent à payer pour le labeur mensuel de chaque nègre de champ une somme variant de 5 à 12 dollars, suivant l'âge et la force des travailleurs. D'autres propriétaires tout à fait obérés consentirent à céder une portion de la récolte à leurs noirs en dédommagement du travail effectué pendant l'année. Ainsi, par le cours naturel des choses, sans la moindre intervention d'une force brutale, un certain nombre d'esclaves étaient devenus métayers; ils partageaient avec leurs anciens maîtres, ils traitaient de pair avec ce capital qui naguère les avait si durement exploités.

Il est vrai de dire que le général Butler aida puissamment à cette transformation de la servitude en travail libre. Ancien démocrate, ayant dû à la violence de ses opinions l'honneur peu enviable de siéger en 1860 dans la convention esclavagiste de Charleston, le général était arrivé à la Nouvelle-Orléans avec la ferme intention de ne jamais intervenir entre les deux races et de respecter l'institution tant de fois proclamée sainte; mais, en dépit de la réserve qu'il s'était promis de montrer au sujet de la question fatale, il s'aperçut bien vite que le seul moyen de reconquérir le sud était d'y changer les conditions du travail. L'attitude des diverses fractions de la population orléanaise eût suffi d'ailleurs pour le lui prouver. Les planteurs, les riches négocians, tous ceux qui, sous une forme ou sous une autre, vivent des produits de l'esclavage, accueillaient les troupes fédérales avec un sentiment de profonde hostilité, et, refusant presque unanimement de prêter le serment d'allégeance, se servaient de leurs journaux pour faire aux hommes du nord une guerre continuelle de calomnies et d'insinuations perfides. En revanche tous les blancs appartenant à la classe des ouvriers et des artisans s'étaient empressés, au nombre de 14,000, de protester de leur dévouement à l'Union, et saluaient « l'ancien drapeau » de leurs acclamations enthousiastes (1). Le général Butler prit rapidement son parti : il appliqua largement la loi de séquestre votée par le congrès, déclara confisqués, et par conséquent libres, tous les esclaves qui se trouvaient dans les districts encore insurgés de la Basse-Louisiane, donna des ordres pour que les nègres marrons fussent accueillis dans les lignes fédérales, et, désirant procéder au recensement des noirs qui avaient droit à la liberté, fit cesser toutes les ventes fictives qui faisaient passer aux mains de planteurs prétendus loyaux les propriétés situées entre le Mississipi et le bayou Lafourche. Il tâchait en même temps de réconcilier les noirs avec les propriétaires qui prêtaient le serment de fidélité à l'Union. C'est ainsi que dans les importantes paroisses de Saint-Bernard et de Plaquemine il traita au nom des nègres fugitifs et promit leur retour sur les plantations, si les habitans s'engageaient de leur côté à ne jamais exiger un travail de plus de dix heures par jour, à supprimer complétement les châtimens corporels, et à payer aux noirs un salaire mensuel de 10 dollars pour les hommes, de 5 dollars pour les femmes et pour les adolescens de dix à quinze ans. Confians dans la parole du général, les nègres, devenus ouvriers salariés, consentirent à regagner leurs cases, et se mirent au travail avec une émulation qu'on ne leur connaissait pas. Les planteurs furent les premiers à profiter du sacrifice de leurs prétendus droits. Plusieurs d'entre eux, enchantés

____

(1) Lorsque Butler quitta la Nouvelle-Orléans, 67,000 personnes avaient prêté le serment de fidélité; 21,000 avaient inscrit leurs noms sur la liste des ennemis de l'Union.

des résultats obtenus et cédant peut-être aux bonnes inspirations
de leur cœur, signèrent spontanément des actes d'émancipation
complète en faveur de leurs anciens esclaves (1).

Dans la cité même de la Nouvelle-Orléans, les signes précurseurs
d'un nouvel ordre de choses n'étaient pas moins évidens que sur
les plantations. Un millier d'hommes libres de couleur, que le gouverneur confédéré Moore avait précédemment enrôlés sous le nom
de *turcos* et qui n'avaient pas osé se soustraire à la conscription
dans la crainte d'être massacrés, s'empressèrent, aussitôt après la
fuite des esclavagistes, de demander leur incorporation dans les
troupes fédérales. L'autorisation de s'engager au service de l'Union
leur fut immédiatement accordée par un ordre du jour dans lequel le
général Butler rendait publiquement « hommage à la loyauté et au
patriotisme de ces braves, » et les remerciait de leur dévouement
« avec éloge et respect. » Noirs et mulâtres, affranchis et hommes
libres se présentèrent en foule devant le colonel chargé de les embrigader, et bientôt la garnison fédérale de la Nouvelle-Orléans se
trouva renforcée de trois régimens d'hommes de couleur, chargés,
par un juste retour des choses, de surveiller les planteurs rebelles
qui les avaient si longtemps opprimés. Et pendant que les volontaires africains s'exerçaient au maniement des armes pour défendre
à la fois leur propre indépendance et l'intégrité de l'Union, les
hommes de couleur les plus instruits et les plus intelligens de la
Nouvelle-Orléans revendiquaient pour la première fois la justice
due à leur race, et dans cette ville où le mot d'émancipation réson-
nait naguère comme un blasphème ne craignaient pas de publier
deux journaux consacrés uniquement à la cause des noirs. Les esclaves que la *loyauté* vraie ou prétendue de leurs possesseurs em-
pêchait d'émanciper commençaient eux-mêmes à relever la tête.
On en vit qui poussaient l'audace jusqu'à citer leurs maîtres devant
les tribunaux et à réclamer des dommages-intérêts pour les coups
qu'ils avaient reçus. Une négresse qu'un homme libre avait achetée
pour en faire sa concubine et s'enrichir en vendant successivement
les enfans qu'il comptait avoir d'elle assigna devant les juges l'i-
gnoble spéculateur qui lui servait de maître, et réussit à faire prononcer la liberté de ses enfans et la sienne propre. Bien plus, des
personnes de couleur osèrent s'asseoir à côté des blancs dans les
omnibus et les wagons, et provoquèrent un jugement du tribunal
qui leur donnait l'autorisation d'en agir désormais ainsi. Enfin les

<hr>

(1) En 1830, un planteur louisianais, M. Mac Donough, imagina de vendre successi-
ment à ses esclaves chacun des jours de la semaine. En quatorze ans et demi, ses nègres
avaient tous racheté la liberté de la semaine entière, et les profits de son ingénieuse
spéculation permirent à M. Mac Donough de s'acheter une chiourme d'esclaves deux
fois plus considérable que la première.

marchés d'esclaves restèrent fermés pendant plusieurs mois. Pour ceux qui ont vu la Nouvelle-Orléans dans le beau temps de la servitude, ces faits prouvent surabondamment l'immense progrès qui s'est accompli dans les mœurs et dans l'état social.

En décembre 1862, lorsque Butler fut remplacé par le général Banks dans le gouvernement de la Louisiane, ces deux hommes, dont l'un appartenait au vieux parti démocratique, tandis que l'autre avait été longtemps le coryphée des républicains, tinrent néanmoins à peu près le même langage au sujet de l'institution servile. Le plus énergique des deux ne fut pas celui que ses antécédens politiques engageaient sans retour dans la voie de l'émancipation : aussi les séparatistes de la Louisiane, auxquels leur fortune, leur talent et leur audace assuraient toujours une grande influence, virent-ils dans l'arrivée du général Banks une occasion favorable pour tenter une réaction. En un seul jour, les officiers de police, dévoués à l'ancien ordre de choses, arrêtèrent indistinctement tous les nègres qu'ils trouvèrent dans les rues de la ville, aussi bien les hommes libres que les esclaves fugitifs, et les enfermèrent pêle-mêle dans les prisons et les cachots. En même temps ils firent revivre le règlement du *couvre-feu*, qui interdisait à toutes les personnes de couleur de se montrer dans les rues après sept heures et demie du soir sous peine d'être incarcérées et fouettées; mais l'aristocratie louisianaise avait trop présumé de la faiblesse du représentant de l'Union en pensant que de pareilles mesures pourraient être tolérées. Un ordre du jour mit un terme à ces efforts criminels des planteurs dépossédés, et les nègres obtinrent de nouveau ce droit, en apparence si simple, d'aller et de venir sans passeport, et de fouler le même pavé que les blancs de noble race caucasienne. Bientôt la transformation de la servitude en apprentissage reprit également son cours dans les propriétés riveraines du fleuve. Après de nombreux tâtonnemens et diverses proclamations assez contradictoires, le général Banks, en février 1863, a fini par conclure avec les planteurs une espèce de traité au nom de leurs anciens esclaves. Ce traité n'est point équitable à l'égard des nègres, puisqu'ils ne reçoivent pas encore le titre d'hommes libres; mais ils obtiennent déjà d'importantes garanties, incompatibles avec la continuation de l'esclavage. En premier lieu, ils peuvent choisir entre le service des planteurs et celui du gouvernement, et leur décision doit être respectée; s'ils consentent à retourner sur les plantations, les propriétaires doivent leur payer un salaire de 1 à 3 dollars par mois, car « le travail a un droit absolu à une part des produits de la culture. » Enfin les châtimens corporels sont abolis, et le général Banks fait entendre aux planteurs qu'il ne s'engage point à maintenir la discipline et la régularité du travail, si les nègres ne sont pas traités avec douceur. La plupart des planteurs protestent au nom du principe : mais ils n'en cèdent pas moins, et consentent à signer le contrat qui les oblige à ménager leur ancien bétail noir.

On le voit, les cent mille travailleurs des plantations de la Basse-Lousiane ne sont plus esclaves : leur affranchissement a commencé. C'est à la Nouvelle-Orléans, là même où les esclavagistes avaient choisi leur point de départ pour aller porter leurs institutions fatales à Cuba, au Mexique, dans les républiques de l'isthme, que par une juste vicissitude l'œuvre d'émancipation a pris son origine pour se propager graduellement jusqu'au centre des états confédérés, et, comme le disait le général Banks dans sa première proclamation, « ce ne sont point les républicains qui ont inauguré cet irrésistible mouvement; ce sont les planteurs eux-mêmes qui par leur rébellion ont accompli cette révolution, impossible à tous autres. Comparée à leur œuvre, celle des plus fougueux abolitionistes peut être considérée comme vraiment insignifiante. »

III.

Tandis que de tels changemens s'opéraient dans la condition des nègres de la Louisiane, la politique du gouvernement fédéral entrait dans une nouvelle phase. Les circonstances étaient graves. Les confédérés, qu'on avait eu le tort de croire à la dernière extrémité après la prise de Nashville, de Memphis, de Norfolk, de la Nouvelle-Orléans, avaient puisé dans le sentiment du danger une plus grande force de cohésion, et, sans pouvoir reconquérir d'une manière définitive aucune position importante, n'en faisaient pas moins subir une série d'échecs et de désastres aux volontaires de l'Union. Le temps n'était plus aux demi-mesures, et le président Lincoln se serait exposé gratuitement au ridicule, s'il avait réitéré ses touchans appels aux planteurs au moment même où ceux-ci faisaient reculer ses armées. Il fallait désormais parler un langage plus ferme et prendre des mesures radicales, commandées non-seulement par la justice éternelle, mais encore par le péril extrême de la république. Le président s'y résolut enfin. Le 22 septembre 1862, il annonça solennellement aux rebelles qu'il leur accordait encore cent jours de répit, mais qu'au 1er janvier de l'année suivante « toutes les personnes tenues en esclavage dans chacun des états insurgés contre l'Union seraient libres dorénavant et à toujours. » Cette proclamation n'était qu'une conséquence nécessaire du bill de confiscation voté depuis longtemps par le congrès; mais, s'appliquant indistinctement aux millions d'esclaves qui se trouvent dans les états séparés, elle constituait un événement de la plus haute importance historique. Quoique prononcée dans la seule intention de maintenir l'intégrité nationale, cette parole de liberté n'en signalait pas moins l'accomplissement d'une révolution immense dans la vie du peuple américain. En effet, l'esclavage avait toujours formé une partie intégrante du droit public. Il existait pendant la guerre de l'indépendance; après la déclaration des droits de l'homme, il avait été reconnu indirectement dans la constitution; plus tard, il s'était développé et fortifié en même temps que la puissante république; il en avait suivi les merveilleux progrès par des progrès correspondans; il avait enrichi une moitié de la nation, tandis que le travail libre en enrichissait l'autre moitié; enfin il s'était proclamé saint, et grâce à la complicité des ministres de la religion il s'était élevé à la hauteur d'un dogme. Aussi dans l'heure solennelle de la délibération suprême le président Lincoln dut se demander avec une pénible anxiété s'il avait bien le droit de tenter une œuvre qui avait effrayé George Washington. Plein du sentiment de son immense responsabilité, il hésita au moment de signer cet acte, qui marquait une nouvelle ère dans l'histoire, et lorsque la foule vint le féliciter de son audace, il refusa tristement tout éloge, craignant peut-être d'avoir causé la ruine de son pays. Heureusement la proclamation était lancée, et Lincoln n'est pas homme à faire un pas en arrière. D'ailleurs, eût-il essayé de reculer, les événemens se fussent bientôt chargés de le pousser en avant ou d'agir à sa place.

Ainsi qu'on pouvait s'y attendre, les rebelles ne songèrent point à rentrer dans le sein de l'Union pendant les cent jours de répit qui leur avaient été accordés; mais ils continuèrent la guerre avec une redoublement de furie, sentant que la date fatale leur ôtait toute chance de donner un semblant de justice à leur cause. Sans aucun doute, ils eussent réussi à faire triompher pour longtemps leur autonomie nationale, s'ils avaient pris les devans dans l'œuvre d'émancipation et proclamé la liberté de leurs esclaves. Le général-évêque Léonidas Polk, l'un des plus riches planteurs de la Louisiane, recommandait cette politique audacieuse. De même en Europe la plupart des hommes intelligens qui voyaient avec plaisir la scission des États-Unis conseillaient au gouvernement confédéré d'adopter au moins en apparence des mesures favorables à un affranchissement ultérieur des noirs. Tous ces prudens avis avaient été négligés, par la raison bien simple que, sans la possession indéfinie de leurs esclaves et le pouvoir d'étendre l'institution patriarcale, l'indépendance politique n'offrirait plus aucun avantage aux planteurs du sud. Ils s'étaient soulevés pour le principe de l'esclavage; ils voulaient vaincre ou succomber au nom de ce même principe. Néanmoins la lucidité que donne souvent l'extrême danger leur fit comprendre que la proclamation du président Lincoln leur faisait perdre une occasion suprème de gagner les sympathies actives des puissances européennes et de diviser leurs adversaires. Aussi leur exaspération fut grande, et sous l'influence d'un amer dépit ils donnèrent à la lutte un caractère de plus en plus féroce. Dans l'un des derniers jours de grâce accordés aux séparatistes, M. Jefferson Davis, saisi du même vertige que ses concitoyens, proclamait, en termes à peine voilés par une sauvage ironie, la mise hors la loi de tous les nègres servant dans un régiment fédéral et de tous leurs officiers. A l'appel du président de l'Union, qui l'adjurait d'émanciper les Africains, il répondait en menaçant d'égorger ou de réduire à un nouvel esclavage ceux qui étaient devenus libres. Et cette menace n'est que trop bien tenue. Pendant la bataille de Murfreesborough, les cavaliers du *guerillero* confédéré Morgan fusillèrent sans forme de procès tous les nègres surpris dans un train de chemin de fer qui portait des troupes fédérales. Sur les bords de la rivière Cumberland, d'anciens esclaves, capturés dans un bateau à vapeur de l'Union, furent déchiquetés à coups de fouet, puis attachés tout sanglans à des arbres pour y périr lentement de la mort de la faim. La tête du général Butler fut mise à prix, et dans le *Charleston Mercury*, l'un des journaux les plus considérés du sud, les sécessionistes peuvent lire tous les jours une annonce par laquelle M. Richard Yeadon promet une récompense de 10,000 dollars à l'assassin de ce général abhorré. Des demoiselles du plus haut parage briguent à l'envi l'honneur de filer la corde destinée à l'étrangler, si jamais on le prend vif.

Enfin le grand jour arriva, et l'édit d'émancipation, attendu avec une anxiété si profonde, fut proclamé à Washington. Le président Lincoln, en sa qualité de commandant des armées de terre et de mer, donnait la liberté aux esclaves de la Virginie, des Carolines, de la Georgie, de la Floride, du Mississipi, de l'Alabama, de la Louisiane, de l'Arkansas, du Texas, et tout en recommandant aux nègres de ne saisir les armes que pour leur défense personnelle, il leur promettait de les accueillir comme soldats de l'armée fédérale. Il affirmait ensuite la légalité du grand acte dont il venait de prendre l'initiative, puis, en quelques paroles d'une noble simplicité, il invoquait sur sa proclamation « le jugement calme du genre humain et la gracieuse faveur du Dieu tout-puissant! » Nul ne sait encore si le Dieu des armées lui sera propice; quant au jugement des hommes de cœur, il peut hautement le revendiquer en faveur de son œuvre.

Des sécessionistes reprochent ironiquement à M. Lincoln de ne pas avoir décrété l'abolition pure et simple de l'esclavage aussi bien dans les états restés fidèles que dans les états insurgés (1). D'après

(1) Si la proclamation présidentielle avait pu être suivie d'un effet immédiat, elle aurait libéré 3,120,000 esclaves, et maintenu 830,000 noirs dans la servitude.

eux, cette distinction prouverait que la liberté des nègres est complétement indifférente au chef de l'Union et aux républicains; mais elle prouve simplement que le président n'a pas voulu outre-passer ses pouvoirs. S'il est autorisé en vertu de la guerre à prendre de violentes mesures de salut public dans les états rebelles, il doit avant toutes choses respecter la loi dans les états où la constitution est encore en honneur; il ne peut oublier son titre de magistrat suprême de la nation. D'ailleurs M. Lincoln a toujours professé que l'émancipation graduelle des esclaves est préférable à un affranchissement immédiat, et c'est en désespoir de cause qu'il a proclamé l'abolition immédiate dans les états qui ne reconnaissent plus l'autorité fédérale. Maintes fois déjà il avait conseillé aux législatures spéciales de se tracer un plan de conduite pour ménager la transition entre l'esclavage et le travail libre. Récemment encore, dans son message du 4 décembre, il avait instamment recommandé aux membres du congrès national et des diverses législatures de modifier la constitution des États-Unis pour rendre le rachat et l'affranchissement des esclaves obligatoires dans toute l'étendue de la république avant la fin du siècle. M. Lincoln ne pouvait faire au peuple américain une proposition plus grave que celle d'introduire un amendement dans la constitution, et l'importance même de cette démarche prouvait suffisamment combien l'abolition de la servitude lui tenait à cœur. Peut-être avait-il eu tort de ne pas insister sur une émancipation plus rapide, mais ne serait-ce pas déjà un progrès immense, si l'on pouvait indiquer une date certaine en fixant un dernier terme à cette odieuse institution que ses fauteurs se vantaient de pouvoir rendre éternelle?

Une des conséquences les plus sérieuses de la proclamation présidentielle du 1er janvier 1863 est celle qui, pour nous servir de l'expression de M. Sumner, « fait entrer l'Afrique en ligne de bataille. » Du reste, rien n'est plus constitutionnel que de donner des armes aux nègres, qu'on les considère comme de simples instrumens, ou qu'on leur reconnaisse le titre d'hommes. Le seul obstacle à leur entrée dans l'armée fédérale est la couleur plus ou moins foncée de leur épiderme. Déjà le Rhode-Island et d'autres états de la Nouvelle-Angleterre, qui accordent le droit de suffrage aux personnes d'origine africaine, avaient pris depuis plusieurs mois l'initiative du recrutement des noirs. Récemment aussi, la cour suprême venait de lever toutes les difficultés légales au sujet de l'enrôlement des hommes de couleur, en leur accordant le titre de citoyens libres et en les assimilant aux autres Américains. Cette décision, si facile à prendre et à proclamer au nom de la justice, s'appuyait, il est vrai, sur d'interminables considérans rédigés dans un style obscur et diffus; mais elle n'en constituait pas moins un progrès des plus précieux dans la jurisprudence américaine, et reconnaissait implicitement la grande fraternité des hommes. Devenu citoyen, le nègre avait donc une patrie, et désormais son droit aussi bien que son devoir était de la défendre les armes à la main. Toutefois, au commencement de 1863, les hommes de couleur n'étaient que très exceptionnellement employés en qualité de combattans dans l'armée fédérale. Les deux seuls généraux qui eussent osé faire appel à ces auxiliaires et s'exposer ainsi aux fureurs et aux calomnies du parti démocratique étaient le général Hunter dans la Caroline du sud et le général Butler en Louisiane.

Dès la fin du mois de mai 1862, six cents noirs, choisis parmi les plus robustes, avaient été enrôlés sur les plantations de l'archipel de Port-Royal. Dans le nombre, quelques-uns, nous dit un rapport de M. Pierce, suivirent les sergens recruteurs avec une certaine hésitation et s'engagèrent par vanité ou par un sentiment d'honneur mal entendu; mais la plupart, remplis d'enthousiasme pour cette patrie qui les avait rendus à eux-mêmes, s'enrôlèrent avec joie dans l'espérance de hâter l'émancipation de leurs frères encore esclaves. On leur donna pour les instruire des officiers blancs pris dans les autres régimens, mais ils choisirent eux-mêmes tous leurs sous-officiers. D'ailleurs ils devaient être traités exactement de la même manière que les autres soldats américains, et si on les tint d'abord séparés du reste de l'armée, ce fut afin de ménager leur susceptibilité et de leur épargner les insultes qu'auraient pu leur prodiguer encore quelques hommes grossiers. Bientôt les volontaires noirs de Port-Royal, dont le régiment avait été graduellement complété par de nouvelles recrues, auraient pu servir de modèles aux volontaires du nord par leur discipline et leur entrain guerrier. Ces qualités sont d'autant plus méritoires chez eux que leur service est beaucoup plus pénible et surtout plus dangereux que celui des blancs. Destinés principalement à opérer dans les régions marécageuses de la côte, il leur faut passer les bayous à la nage, se cacher en embuscade dans les vasières couvertes de joncs, s'exposer aux miasmes mortels des eaux corrompues. Les coutumes actuelles de cette guerre sont bien plus terribles aussi pour eux que pour leurs compagnons d'armes blancs. Non-seulement ils doivent braver la mort pendant le combat, mais après une défaite ils ont à craindre la pendaison, la torture du fouet, ou, ce qui est pis encore, un nouvel esclavage. Les blancs faits prisonniers peuvent espérer d'être renvoyés sur parole; mais les nègres sont favorisés quand on les fusille comme des militaires.

Ces dangers, qui feraient peut-être hésiter bien des soldats de race caucasienne, n'ont point abattu l'ardeur patriotique des noirs de Port-Royal. Dans toutes les occasions, ils se sont conduits de manière à prouver « qu'ils appréciaient leur liberté récente et la grandeur de leur mission. » En novembre 1862, ils mirent en déroute un corps de Géorgiens qui essayaient de leur fermer l'entrée de la rivière Doboy. A la fin de janvier 1863, ils remontèrent la rivière de Saint-Mary, dans la Floride, beaucoup plus haut que les régimens fédéraux du nord n'avaient osé le faire; ils battirent à nombre égal un régiment de séparatistes, et, surpris à minuit par un détachement de cavalerie, se réveillèrent en sursaut pour repousser et disperser l'ennemi. Comme trophée de leur expédition, ils rapportèrent en triomphe à Port-Royal les chaînes, les ceps, les carcans et autres instrumens de torture qu'ils avaient trouvés dans les habitations et les villages de la Floride. Ils ramenaient aussi tous les noirs qu'ils avaient rencontrés sur les plantations et qui s'offraient avec joie pour faire partie des nouveaux régimens qu'organisait le général Hunter par voie de conscription. Si l'on en croit les témoignages du général Saxton et du colonel Higginson, qui commandent les soldats noirs, ceux-ci font preuve d'un entier dévouement, d'une abnégation complète de leur personne, et marchent sans hésitation partout où leurs officiers les envoient. Ils sentent fort bien que le peuple américain les regarde, et se conduisent en conséquence avec un courage héroïque et un profond sentiment des devoirs qu'ils sont appelés à remplir envers leur race déshéritée. Le colonel Higginson affirme qu'il n'aurait point osé tenter avec un régiment de ses compatriotes blancs l'expédition qu'il a conduite à bonne fin avec ses volontaires noirs. Cela se comprend : tandis que les Américains du nord se battent pour la constitution, qui est une chose abstraite, les nègres luttent pour leur liberté, celle de leurs familles et de leur race entière. Ils apportent au combat cette passion, ce délire de la bataille que les planteurs confédérés éprouvent aussi, mais qui semblent faire complétement défaut aux calmes Américains du nord. Un jeune nègre fugitif suivait en qualité de domestique la brigade du colonel français Cluseret, cantonnée dans la vallée de la Shenandoah. Par respect pour les mœurs américaines, on lui avait refusé des armes; mais au premier coup de fusil il montait à cru sur un cheval du train et se précipitait des premiers sur l'ennemi en poussant des hourras frénétiques.

En Louisiane, les trois régimens d'hommes de couleur ne se sont pas conduits avec moins de bravoure que le premier régiment noir de la Caroline du sud. Ils ont défendu l'important chemin de fer des Opelousas et vaillamment combattu sur les bords du bayou Lafourche et du bayou Tèche; malheureusement le général Banks a commis l'imprudence de ne pas séparer complétement les deux fractions de l'armée fédérale appartenant à la race noire et à la race blanche. Si tous les hommes de couleur des régimens africains étaient simples soldats, peut-être leur présence serait-elle dédaigneusement tolérée par les troupes du nord; mais parmi les noirs et les mulâtres il en est qui portent l'uniforme d'officiers, et qui, d'après la hiérarchie militaire, sont les supérieurs des soldats et des sous-officiers blancs. C'en est trop pour des hommes qui ont été élevés dans l'horreur du nègre, et souvent ils ont eu recours à l'insulte et même à la violence pour constater leur supériorité native. On ne peut décemment accuser de lâcheté les noirs et les mulâtres louisianais près de cette ville de la Nouvelle-Orléans que leurs ancêtres ont si vaillamment défendue et peut-être sauvée en 1814; on se contente d'accuser leur couleur. Des colonels et des généraux ont menacé de donner leur démission, si on faisait combattre leurs troupes à côté des régimens africains. Un colonel né dans la patrie de Wilberforce s'écriait en parlant à ses soldats : « Je ne souffrirai point que votre dignité et vos mâles vertus soient contaminées par l'approche de ces êtres inférieurs! » Un autre, suivant l'exemple du général Stevenson, du département de Beaufort, déclarait qu'il préférait être vaincu à la tête des blancs que vainqueur à la tête des nègres. Si graves que soient les premières difficultés, elles s'aplaniront bien vite, pourvu que l'on ait soin de séparer provisoirement les soldats des deux races et d'opérer la fusion avec prudence. Aujourd'hui les défenseurs de l'Union appartenant à la famille africaine sont à peine au nombre de 6,000; mais bientôt les nécessités de la lutte grossiront leurs rangs, et quand ils formeront de véritables armées, ils trouveront bien des occasions de se venger noblement, en rendant des services signalés à ceux qui les méprisent. Sans accepter entièrement le mot de Wendell Philipps : « *Rely on God and the negroes!* comptez sur Dieu et sur les nègres, » on peut croire que le jour viendra où l'Union sera forcée d'accueillir avec reconnaissance l'aide de ces hommes qui hier encore étaient privés du nom de citoyens.

IV.

Au commencement de la guerre, les généraux de l'armée du sud, que leur expérience de planteurs avait habitués à compter sur l'obéissance absolue des nègres, ne craignaient pas de les enrôler comme soldats. En plusieurs endroits des états confédérés, on ordonna des levées régulières d'esclaves et d'hommes de couleur libres, non-seulement pour les faire travailler aux routes et aux fortifications, mais aussi pour leur confier des armes dans les circonstances graves et leur intimer l'ordre de combattre à côté des blancs. C'était sans doute une pénible tâche pour ces Africains méprisés que d'aider à soutenir le pouvoir de leurs maîtres: mais, soit nécessité, soit un faux point d'honneur, ils se conduisirent vaillamment dans toutes les occasions, et le général confédéré Stonewall Jackson, qui comptait un grand nombre de nègres dans sa redoutable armée, rendit un éclatant témoignage de leur bravoure. Aussi longtemps que la loi d'extradition des esclaves fugitifs fut observée par les troupes fédérales, les séparatistes, heureux de la naïve complicité de leurs adversaires, purent continuer librement d'armer leurs noirs; mais ils commencèrent à réfléchir lorsque le gouvernement des États-Unis se fut engagé dans une politique d'émancipation. Enfin, lorsque les généraux Hunter et Butler eurent levé des régimens composés uniquement de nègres, presque tous les chefs confédérés comprirent l'imminence du danger, et cessèrent de donner des armes aux hommes d'origine africaine. L'attitude des soldats noirs se modifiait graduellement, et tôt ou tard aurait pu devenir menaçante : on se contenta désormais de les faire travailler aux retranchemens sous une stricte surveillance.

Mais d'où vient, se demande-t-on, que les esclaves des plantations ne se soient pas encore insurgés pour tenter de conquérir leur liberté de vive force? Chose étonnante, la nature humaine est ainsi faite, que ceux mêmes qui reprochent aux noirs de ne pas s'être soulevés ne sauraient assez exprimer leur exécration pour les fauteurs d'une guerre servile, si tout à coup elle venait à éclater dans les états du sud! Quoi qu'il en soit, une insurrection générale des esclaves était complétement impossible avant la période actuelle de la guerre. Dans les onze états qui ont proclamé la scission, le nombre des noirs asservis est inférieur de plus d'un tiers à celui des blancs (1), et tandis que ceux-ci sont groupés dans les villes et les villages, les esclaves sont en général disséminés dans les campagnes. Outre les avantages d'une majorité compacte, les blancs ont tous les priviléges que donnent le constant usage des armes à feu, l'unanimité des passions, la solidarité des intérêts, une instruction relative, l'habitude du commandement. Les nègres au contraire, pauvres ignorans livrés en proie à un désespoir chronique qui leur ôte la faculté de vouloir, mêlent une vénération stupide à la frayeur que leur inspirent les maîtres et les économes : dispersés sur les plantations par chiourmes presque complétement isolées, soumis à une surveillance de presque tous les instans, n'ayant pas le droit de faire un pas hors du champ sans un passeport, menacés à la moindre incartade du fouet, du carcan ou de l'exil sur une plantation lointaine, épuisés par un travail incessant, ils ne peuvent guère songer à tramer des conspirations dont l'unique résultat serait de les vouer

(1) En juin 1860, les officiers chargés du recensement ont compté dans ces états 5,119,163 personnes de race blanche et 3,521,110 esclaves (61 et 39 pour 100); aujourd'hui le territoire encore occupé par les séparatistes compte environ 4,500,000 blancs et 3,100,000 noirs (59 et 11 pour 100).

au massacre. Du reste, l'expérience est là : les insurrections locales, ou, pour mieux dire, les simples tentatives de résistance, ont été sans exception violemment réprimées, et tous les esclaves incriminés ont été pendus.

Pour bien comprendre la tranquillité générale qui règne dans les plantations du sud, il ne faut pas oublier non plus que les nègres d'Amérique sont presque tous chrétiens fervens : ils prennent au pied de la lettre cette parole de l'Évangile qui leur ordonne l'obéissance passive, et que des prédicans tenus aux gages des propriétaires commentent avec un grand zèle. Privés d'amis sur cette terre, ils adorent d'autant plus naïvement l'ami qu'ils vont chercher au ciel, et mettent leur espoir non dans leur propre énergie, mais dans un miracle d'en haut. Laissant à Dieu l'œuvre de la rétribution finale, ils ne songent aucunement à se venger eux-mêmes, et le plus grand nombre d'entre eux ne prononcent jamais de paroles haineuses au sujet des blancs qui les ont fait cruellement souffrir. Rien de plus instructif à cet égard que les réponses faites à un questionnaire adressé par la société d'émancipation aux surveillans des affranchis qui se trouvent dans le sud sous la protection du drapeau fédéral. Ces réponses s'accordent toutes à dire que jamais les noirs libérés ne manifestent le moindre désir de vengeance contre leurs anciens maîtres : ils demandent seulement à ne jamais les revoir. C'est que la résignation est pratiquée par la plupart des nègres avec une ferveur de néophytes semblable à celle des premiers chrétiens marchant au martyre et des protestans vaudois ou huguenots se laissant massacrer sans résistance. Les planteurs appréciaient grandement l'avantage que leur procurait la foi naïve de leurs nègres, et chiffraient à leur manière le dogme du renoncement en payant les esclaves plus ou moins cher selon la notoriété plus ou moins grande de leurs convictions religieuses. Sur les marchés publics, on a entendu des encanteurs évaluer à 150 ou 200 dollars cette vertu sublime de la résignation dans l'adversité.

Les chants dans lesquels les esclaves versent toute leur âme en racontant leurs souffrances sont la meilleure preuve de la douceur naturelle des nègres américains. Dans ces hymnes naïfs, ils racontent simplement leurs chagrins à Dieu; mais ils se gardent bien d'accuser ceux qui les ont vendus ou achetés. Il est un seul chant que les planteurs n'entendent peut-être pas sans frissonner et qu'ils ont universellement interdit comme un appel à l'insurrection. Un souffle prophétique anime ces paroles heurtées, dans lesquelles les noirs, se considérant eux-mêmes comme « le peuple élu, » apostrophent tantôt le Moïse qui leur viendra, tantôt le roi Pharaon, leur oppresseur. Des nombreuses variantes de cet hymne, nous choisissons la plus répandue :

« O Moïse! descends! — descends au loin dans la terre d'Égypte, — et dis au roi Pharaon : — « Laisse aller mon peuple! » — et toi, recule, — recule, — et laisse aller mon peuple!

« Pharaon se met en travers de la route. — Laisse aller mon peuple! — Pharaon et ses armées s'engloutissent. — Laisse aller mon peuple! — Tu peux me retenir ici; — mais là-haut tu ne peux rien sur moi. — Laisse aller mon peuple!

« O Moïse! étends ta main sur les eaux! — Laisse aller mon peuple! — Et ne va pas te perdre dans le désert! — Laisse aller mon peuple! — Il en est un qui siége en haut dans les cieux, — et qui répond à mes prières : — « Laisse aller mon peuple! »

Dans la grande et pénible attente de leur exode futur, les esclaves n'avaient contre la tyrannie d'autres ressources que la fuite. Après le commencement de la guerre, ceux qui avaient le courage de recourir à l'évasion et de quitter leurs familles pour s'exposer à la faim, au froid et à toutes les horreurs d'une chasse dont ils étaient eux-mêmes le gibier, avaient de plus qu'autrefois l'espoir de gagner peut-être les lignes fédérales; mais ils n'étaient pas accueillis partout avec la même libéralité que dans les villes du Kansas et l'archipel de Beaufort. Plusieurs milliers d'entre eux étaient rendus gratuitement à leurs maitres ou troqués contre des balles de coton, ou bien abandonnés à leur malheureux sort lorsque l'armée exécutait un mouvement d'attaque ou de retraite. Les noirs avaient été si souvent trompés dans leur confiance, qu'ils osaient à peine croire aux rumeurs de liberté qui leur parvenaient sourdement. Enfin la proclamation présidentielle qui les déclarait tous libres vint dissiper leurs doutes. Quelques jours après avoir été lancée, cette proclamation était déjà connue et répétée de bouche en bouche dans les lointaines plantations du Texas et de l'Alabama : tous les nègres la savaient par cœur. C'est merveille que la rapidité avec laquelle les populations esclaves sont instruites de ce qui les intéresse. En pénétrant dans la Floride avec la première compagnie fédérale, un missionnaire du nord pria une jeune négresse de chanter. Aussitôt elle entonna l'hymne de John Brown, et toutes ses compagnes unirent leurs voix à la sienne. Ainsi, dans l'espace de quelques semaines, ce chant de liberté avait déjà retenti sur toutes les plantations du sud, depuis le Kansas jusqu'au détroit des Bahamas.

Tous les esclaves américains, pénétrés de cette foi naïve qui leur fait appliquer à leur propre destinée les récits du Pentateuque consacrés au peuple juif, ont accueilli la proclamation du président comme la voix d'un autre Josué annonçant la découverte d'une terre promise (1). Cette parole libératrice, qu'ils ont entendue par je ne

____

(1) Par une coïncidence remarquable, une prophétie qui depuis longtemps avait grand cours dans le sud fixait l'ère de la liberté à l'année 1862.

sais quel mystérieux écho, est désormais leur consolation et leur espoir. Elle n'est point de nature à leur mettre les armes à la main, puisqu'elle justifie leur longue et invincible foi dans un miracle d'en haut; mais elle leur permet de lever plus fièrement la tête et commence, au sein même de l'esclavage, à leur donner la dignité d'hommes libres. Par réaction, elle doit aussi les rendre plus respectables aux yeux mêmes de leurs maîtres, et finir à la longue par alléger le poids de la servitude. Ainsi la proclamation, qu'on accuse d'être une lettre morte, ne profite pas seulement aux esclaves de la frontière, qui s'enfuient par milliers pour gagner la terre libre; elle contribue aussi à la transformation graduelle de l'esclavage dans les districts les plus reculés de la confédération des planteurs.

D'ailleurs les témoignages presque unanimes des nègres fugitifs semblent mettre hors de doute que, déjà bien avant la proclamation du président Lincoln, l'esclavage s'était adouci. Il est vrai qu'en certains endroits du sud, habités par une population presque barbare, les passions excitées jusqu'au délire ont porté les blancs à commettre des actes d'une atrocité révoltante. C'est ainsi que dans le Mississipi, le Texas et l'Arkansas, on a massacré de sang-froid ou même livré aux flammes les esclaves dont on se défiait; mais la gravité de la situation a fait comprendre aux propriétaires intelligens que, tout en redoublant de surveillance, ils devaient aussi ménager leurs noirs et les traiter avec assez de douceur pour éloigner de leur esprit la pensée de l'insubordination. Cette douceur est surtout commandée sur les plantations isolées, où une seule famille de blancs, décimée par la guerre, est environnée par des centaines de nègres, pacifiques, il est vrai, mais tous avides de liberté. Là des maîtres descendent jusqu'à flatter l'esclave pour lui persuader que la servitude est douce, et, cessant de donner simplement des ordres comme autrefois, ils daignent maintenant présenter leurs raisons. Il en est même qui consentent à octroyer un salaire à leurs noirs, et violent ainsi d'une manière formelle le principe et les traditions de l'esclavage; mais ce qui contribue le plus activement peut-être à diminuer le pouvoir de l'aristocratie féodale, et par suite à rendre moins dure la servitude des noirs, c'est l'accroissement d'influence accordé aux prolétaires blancs depuis la guerre. Beaucoup plus nombreux que les planteurs, ces parias méprisés peuvent se compter sur les champs de bataille, et, comprenant désormais leur importance dans l'état, ne se laissent plus traiter en simples vassaux. Dans la convention souveraine de la Caroline du nord, ils se sont coalisés pour imposer aux propriétaires une taxe annuelle de 5 à 20 dollars par tête d'esclave. C'est là un coup sensible porté à l'institution servile, et les planteurs ne se sont pas fait faute de crier au sacrilége;

mais ils ont dû céder, dans la crainte de voir les *petits blancs* se déclarer en faveur de l'Union.

Si l'esclavage est sérieusement menacé dans les états du sud, non-seulement par les armes fédérales, mais aussi par l'ambition naissante des pauvres de race blanche et par l'impatience fiévreuse des nègres, on peut dire qu'il a déjà cessé d'exister dans plusieurs états du centre. Assez logiques pour comprendre qu'ils ont autant de droits à la liberté que leurs frères du sud, et ne partageant en aucune manière l'opinion du président sur les avantages d'un affranchissement graduel, les noirs du Maryland, du Missouri et des autres états de la même zone se considèrent dès ce moment comme libres; ils se refusent à patienter jusqu'en l'année 1900, et saisissent toutes les occasions de se soustraire à la servitude, eux et leurs familles. Quelques-uns même profitent de la proximité des états libres et du passage continuel des troupes pour s'enfuir vers le nord. D'autres, qui ont eu la chance de naître au sud du Potomac ou du Tenessee, font proclamer leur liberté par les tribunaux. D'autres encore refusent tout simplement de travailler, si le propriétaire ne leur donne pas un salaire en échange. Aussi les nègres, qui coûtaient en moyenne 1,000 dollars, il y a deux ans à peine, n'ont-ils plus aujourd'hui dans les états du centre qu'une valeur nominale, et quand on les achète au prix minime de 10 ou même de 5 dollars par tête, on acquiert, non leurs personnes, mais le vague espoir de les réduire de nouveau en servitude. Récemment un groupe de 130 esclaves, ayant appartenu à un planteur du Maryland, M. Charles Carroll, était évalué par des marchands de nègres et d'autres hommes du métier à 650 dollars seulement, soit à 5 dollars par tête. La veille encore, le testateur recommandait à ses héritiers de maintenir l'esclavage sur sa plantation, « dans l'intérêt des noirs eux-mêmes; » mais à peine avait-il rendu le dernier soupir, que les nègres étaient déjà devenus libres par l'avilissement de leur prix vénal. L'attente de l'indemnité promise par le gouvernement empêche seule les propriétaires de renoncer à leurs immeubles vivans, et de s'épargner désormais tous les frais de nourriture et d'entretien. Les longues discussions du congrès et des législatures particulières n'ont pas encore permis de transformer en lois les bills d'émancipation proposés pour les esclaves du Missouri, de la Virginie occidentale, du Maryland et du Delaware (1); mais il n'est pas

---

(1) Ces quatre états, dont l'un est formé d'une partie de la Virginie proprement dite, possédaient ensemble, lors du recensement de 1860, une population esclave de 215,000 personnes. Il est probable que les sommes allouées s'élèveront à 15 millions de dollars pour le Missouri, à 10 millions pour le Maryland, à 1,500,000 dollars pour la Virginie occidentale, et à 150,000 dollars pour le Delaware.

douteux qu'ils ne soient votés par le congrès prochain. Quant au Kentucky et au Tenessee, les intérêts engagés dans la propriété servile sont trop considérables, les passions sont encore trop excitées, pour que les planteurs veuillent consentir à discuter les propositions du rachat (1). Ils temporisent et n'osent encore se décider, tandis que déjà, sur les confins des grands déserts de l'ouest, la législature de la tribu des Cherokees discute sur les moyens d'abolir promptement la servitude.

Mais qu'importerait l'émancipation des esclaves, si les noirs affranchis ne trouvaient que la haine ou le mépris chez leurs concitoyens, et devaient toujours mener une existence de parias au milieu des merveilles de la république américaine? Les nègres libérés peuvent-ils espérer maintenant l'égalité des droits, ou bien continuera-t-on de les opprimer et de les reléguer, comme indignes, dans les bas-fonds de la société? Là est vraiment le nœud de la question des races dans l'Amérique anglo-saxonne. Il faut l'avouer avec tristesse, dans plusieurs états du nord, l'ancien parti démocratique, favorable aux esclavagistes, fait souvent parade de son dégoût pour les noirs, et se refuse énergiquement à leur accorder les moindres droits politiques. Parmi les législatures les plus hostiles aux nègres, on peut citer principalement celle du New-Jersey, le seul état de la zone septentrionale qui ait encore la honte de posséder des esclaves. En 1860, il ne comptait plus que dix-huit de ces malheureux. La liberté est acquise à leurs enfans; quant à eux-mêmes, la mort seule doit faire tomber leurs fers. Les racheter, les libérer, serait bien facile; mais, parmi les fauteurs de l'esclavage, ceux qui ne tiennent point à l'institution divine par intérêt y tiennent encore par principe.

Animées du même esprit que celles du New-Jersey, les chambres de l'Illinois ont osé délibérer sur une nouvelle constitution, interdisant aux noirs et aux mulâtres de s'établir dans les limites de l'état, et punissant toutes les infractions à ce statut par la peine du fouet et la vente forcée. Toutefois en dépit de ces résistances locales les préventions que les blancs des états du nord manifestent à l'égard des nègres s'affaiblissent de plus en plus, et les mœurs deviennent moins intolérantes. La servitude de 4 millions de noirs ayant été jusqu'à nos jours la seule cause du mépris dans lequel on tenait 500,000 affranchis, il est tout naturel que l'émancipation des esclaves profite aux nègres libres et les fasse monter dans l'estime de leurs compatriotes. L'introduction des envoyés de Haïti et de Libéria à la Maison-Blanche et dans la société diplomatique de Washington n'est pas l'unique signe de ce progrès moral accompli par les

____

(1) Le Kentucky et le Tenessee comptaient, en 1860, 501,202 esclaves.

Américains vers l'égalité sociale. D'autres faits, dus à l'initiative des citoyens eux-mêmes, prouvent que la réconciliation des races ne s'opère pas seulement d'une manière officielle. C'est ainsi qu'un grand nombre de ministres ont rougi de parquer leurs auditeurs nègres dans les coins obscurs des temples, et ne se permettent plus de classer les fidèles d'après la couleur de la peau. De même à Philadelphie les négocians les plus considérés de la ville se sont associés pour réclamer en faveur de leurs confrères d'origine africaine le droit de s'asseoir à côté des blancs dans les wagons et les omnibus. Enfin un orateur de la Nouvelle-Angleterre, M. Best, a pu, sans crainte d'être *emplumé*, célébrer devant des milliers de personnes le mélange prochain des deux races, jadis ennemies. « Il suffit, disait-il, de s'occuper un peu d'ethnologie pour s'apercevoir qu'en s'établissant sur nos plages, les personnes originaires de tous les pays du monde se modifient graduellement sous l'influence du climat. L'Africain blanchit, le Caucasien brunit. Le temps viendra où il sera difficile de les distinguer. Cette fusion graduelle est précisément ce qu'il fallait aux deux races pour les améliorer. Déjà l'Anglo-Américain se distingue par un esprit élevé, une fougueuse énergie et une persévérance indomptable, et si vous lui donnez encore la chaleur des émotions, la tendresse surabondante et la solide foi religieuse de l'Africain-Américain, vous aurez en lui l'homme de cette terre le plus grand, le plus noble et le plus semblable à Dieu ! » Il y a deux années, ces paroles, qui cachent un grand fonds de vérité, eussent été considérées comme d'abominables blasphèmes.

Devenus plus tolérans à l'égard des nègres libres, les Américains du nord n'insistent plus, comme ils le faisaient au commencement de la guerre, sur la nécessité d'éloigner tous les affranchis et de leur assigner pour nouvelle patrie des colonies étrangères. Le sénateur Lane, ce chef de partisans qui a tant fait, à la tête de sa brigade, pour l'abolition de l'esclavage dans le Missouri, s'écriait en plein congrès : « Il serait bon qu'un éternel océan roulât ses vagues entre les deux races. Des siècles d'oppression, d'ignorance et de malheurs ont à jamais dégradé l'Africain. Il ne cessera d'être bas et rampant, tandis que le Caucasien voudra toujours le tyranniser en maître. » Le président Lincoln partageait les mêmes idées. Dans un discours touchant adressé à une députation de nègres libres, il avouait avec tristesse le crime national commis par les Américains contre la race noire : au nom de ses concitoyens blancs, il s'excusait devant les nègres des préjugés qu'on nourrissait contre eux ; mais, se figurant que ces préjugés seraient invincibles, il conseillait aux millions d'hommes de la race méprisée d'abandonner leur marâtre patrie, et d'aller au-delà des mers chercher une terre meilleure où ils pourraient acquérir le noble sentiment de la dignité humaine, en même temps que le bien-être et la liberté. Déjà les journaux, oubliant qu'il fallait, avant toutes choses, obtenir l'assentiment des nègres eux-mêmes, s'occupaient à l'envi d'évaluer les sommes nécessaires pour le transport de 4 millions d'hommes, soit à Libéria, soit dans les Antilles ou dans les républiques de l'isthme américain. Cependant aucun des projets conçus en vue de la séparation définitive des deux races n'a pu aboutir au moindre résultat pratique. Les républiques espagnoles, que les expéditions de Walker ont rendues méfiantes, non-seulement à l'égard des esclavagistes du sud, mais aussi à l'égard des *Yankees*, craignirent peut-être qu'un perfide espoir de conquête ne se cachât sous les propositions du gouvernement fédéral, et déclarèrent que leur territoire, ouvert généreusement à tous les étrangers libres, ne deviendrait jamais un lieu de déportation. Plus empressées, plusieurs législatures des Antilles anglaises et les autorités danoises de l'île de Sainte-Croix entrèrent en pourparlers avec M. Seward pour obtenir en qualité d'apprentis un certain nombre de nègres; mais ceux-ci frémirent d'indignation à la pensée qu'on songeait, sous prétexte de philanthropie, à leur imposer un esclavage temporaire, et, chose remarquable, les planteurs du Maryland, loin de vouloir se débarrasser des noirs affranchis, protestèrent contre une mesure qui les aurait privés de leurs artisans et des cultivateurs de leurs propriétés. Les demandes du Brésil, présentées par l'entremise de M. Watson Webb, ministre américain à la cour de Rio-Janeiro, ne furent pas mieux accueillies : par une remarquable dépêche en date du 21 juillet 1862, M. Seward déclina d'une manière catégorique toute espèce de complicité dans un projet de colonisation des bords de l'Amazone, où les noirs venus des États-Unis n'auraient obtenu des terres et la liberté qu'après trois années de servitude. Les noirs libres des États-Unis qui se sont dirigés en nombre assez considérable vers la république haïtienne sont des émigrans volontaires. Ils ont déjà fondé dans cette colonie plusieurs villages, et contribuent grandement à la prospérité de leur nouvelle patrie par le développement qu'ils donnent à la culture du cotonnier.

On a souvent prétendu que le gouvernement fédéral avait l'intention de déporter en masse toute la population de couleur des États-Unis; mais quand même le démenti solennel de M. Lincoln ne serait pas suffisant pour faire tomber cette accusation, les faits se chargent de justifier pleinement le cabinet de Washington. Les nègres ont été consultés, et dans aucun cas on n'a mis la main sur un seul d'entre eux pour l'envoyer malgré lui sur une terre étrangère. On leur a simplement donné des conseils qu'ils ont librement repoussés. C'était leur droit. Les noirs dont les ancêtres ont été enlevés sur la côte de Guinée par les traitans sont devenus Américains aussi bien que les blancs d'Europe émigrés dans le Nouveau-Monde. Très attachés à leur famille, à leurs amis, au sol qui les a vus naître, ils veulent jouir de la liberté à l'endroit même où ils étaient naguère esclaves, grandir à l'état d'hommes sur cette glèbe qu'ils cultivaient en qualité de bestiaux. Aucun des nègres libérés de Beaufort et des plantations de la Virginie n'a demandé à se rendre dans les états du nord. Leur réponse unanime aux questions des missionnaires de la société d'émancipation a été la suivante : « C'est ici que nous voulons rester; donnez-nous un champ, payez régulièrement notre travail, et nous serons satisfaits. » Les hommes de couleur libres qui résident dans les grandes villes sont en général moins attachés au sol que les nègres des plantations, et consentiraient plus facilement à émigrer; mais ils ne songent guère à se rendre ailleurs que dans les Antilles ou dans les contrées riveraines du golfe du Mexique. Les noirs et les mulâtres de Philadelphie, de New-York, de Boston, vont presque tous s'établir dans l'île d'Haïti; ceux de la Nouvelle-Orléans ont pensé à la péninsule de Floride, et sont en instance auprès du gouvernement pour y obtenir des concessions de terres. Sous l'influence de la liberté aussi bien que jadis sous l'influence de l'esclavage, les populations d'origine africaine continueront de se masser de plus en plus dans les contrées méridionales de la république. Obéissant à cette harmonie secrète qui existe toujours entre la terre et l'homme, les noirs sont graduellement entraînés dans le système d'attraction dont les Antilles forment le centre, et s'agglomèrent peu à peu dans les régions tropicales du Nouveau-Monde. Plus n'est besoin d'être prophète pour affirmer que les plages du golfe du Mexique et ces îles merveilleuses qui déroulent leur demi-cercle brisé autour de la mer des Caraïbes appartiennent désormais aux races mélangées.

Quoi qu'il en soit des destinées futures de la race africaine en Amérique, on peut maintenant considérer l'institution de l'esclavage comme frappée à mort dans les États-Unis. Nous ne cherchons point à nous dissimuler les obstacles de toute nature que doit surmonter la république avant de rentrer dans cette carrière de progrès qu'elle parcourait d'une allure si rapide. L'abîme de la dette, déjà si profond, se creusera davantage; des milliers d'hommes, parmi lesquels bien des héros, tomberont à côté de ceux qui dorment sur les champs de bataille; d'immenses désastres, proportionnés à la grandeur du crime national commis contre les Africains, s'abattront encore sur les deux fractions hostiles du peuple et les réduiront peutêtre à une commune misère; mais, quoi qu'il arrive, il est désormais certain que les planteurs doivent renoncer à fonder un empire stable sur le principe de la servitude des nègres. Quand même, ce qui nous semble absolument impossible, les démocrates séparatistes du nord justifieraient le nom de *copperheads* ou de serpens *mocassins* qu'ils se sont donné sans pudeur, quand même ils réussiraient traîtreusement à déterminer une scission temporaire de quelques états du nord-ouest, le grand ennemi, c'est-à-dire l'esclavage, n'en serait pas moins obligé de reculer devant le travail libre. Les rudes pionniers des campagnes de l'Illinois et des états limitrophes ont encore plus d'intérêt que les industriels de l'est à ne pas souffrir la concurrence des planteurs, et, quelles que soient les péripéties de la guerre civile, la lutte entre les principes ennemis ne peut avoir qu'une issue fatale aux propriétaires d'esclaves. Même le danger sera d'autant plus grand pour ceux-ci qu'ils résisteront plus longtemps. Abrutis par la servitude et la superstition, les nègres américains ne se sont point encore révoltés, et la ferme espérance qu'ils ont de recevoir bientôt leur liberté contribue à leur faire prendre leur infortune en patience; mais si le triomphe momentané du sud enlevait aux esclaves leur confiance dans l'avenir, si leur chaîne, maintenant allégée, devenait plus lourde à porter, peut-on supposer qu'ils acceptassent sans résistance une servitude sans espoir, « cette autre forme de la mort? » Il ne faut point l'oublier, les massacres de Saint-Domingue eurent lieu lorsque les noirs, affranchis déjà depuis près de dix années, reçurent l'ordre d'abdiquer le titre de citoyens et de reprendre leurs anciens travaux comme bêtes de labour.

Ainsi, vainqueurs ou vaincus, les esclavagistes ont également à redouter les résultats de la guerre. La paix même serait pleine de dangers pour eux, car elle accroîtrait les ressources du nord beaucoup plus rapidement que celles du sud, et hâterait la colonisation des territoires libres. Du reste, telle est la supériorité des états restés fidèles à l'Union qu'ils peuvent mener de front la guerre et les arts de la paix, et menacer ainsi doublement la confédération séparatiste. Le Kansas, le Dacotah, l'Utah, le Nevada, toutes les contrées du *far west* se peuplent de pionniers et rattachent la Californie aux régions centrales de la république par une série de campemens et de villages. Le territoire du Colorado compte aujourd'hui 75,000 habitans, et cependant il y a quatre années à peine que Denver, sa capitale, a été fondée par trente abolitionistes, envoyés précédemment dans le Kansas pour s'y établir avant tous les autres colons et y défendre la liberté du sol. L'arrivée constante d'émigrans étrangers que la guerre n'a point effrayés (1), surtout l'augmentation naturelle de la population du nord, qu'on ne saurait évaluer

(1) Pendant l'année 1862, plus de 111,000 personnes ont débarqué dans les ports des États-Unis, et sur ce nombre 76,306 appartenaient à la classe des émigrans. En outre la république américaine a gagné 7,200 habitans par ses échanges de colons avec le Canada.

actuellement à moins de 400,000 par an, suffisent déjà pour assurer le peuplement rapide de ces territoires. En outre le congrès
vient d'accélérer encore la colonisation en votant le *homestead-bill*
ou loi des foyers domestiques. Ce bill accorde à tous les soldats de
l'armée fédérale et à tous les chefs de famille, Américains ou natura-
lisés, qui n'ont pris aucune part à la rébellion, 64 hectares de terre,
à la seule condition que le colon habite sur son domaine et le cultive
lui-même. Attirés par ces avantages, les agriculteurs yankees et
étrangers se dirigent vers le sud-ouest, tandis que les planteurs,
inquiétés par la proximité d'hommes libres, battent graduellement
en retraite avec leurs esclaves vers les rivages du golfe du Mexique.
Un grand nombre de propriétaires du Texas, de la Louisiane, de la
Floride, ont même abandonné le continent et se sont réfugiés dans
l'île de Cuba pour y fonder de nouvelles plantations. Avant la guerre,
l'émigration se faisait en sens inverse : au mépris des lois les Flo-
ridiens allaient recruter leurs nègres sur les côtes de Cuba.

On pourrait, jusqu'à un certain point, apprécier l'importance des
résultats obtenus en évaluant le nombre des nègres devenus libres
depuis le commencement de la guerre. Ceux qui ont entre les mains
leurs certificats d'émancipation ne sont guère plus de 80,000 (1);
mais il faut ajouter à ces affranchis plus de 400,000 noirs des états
du centre et de la Louisiane qui, tout en gardant le nom d'esclaves,
sont pratiquement émancipés et travaillent à la seule condition de
toucher un salaire régulier. Ils constituent déjà la huitième partie
de l'ancienne population servile, et leur affranchissement représente
pour les planteurs une perte d'au moins 1 milliard, plus que dou-
blée sans aucun doute par la dépréciation générale des noirs qui
sont restés à la condition d'immeubles (2). On pourrait aussi compter parmi les émancipés les 500,000 nègres libres que les législatures esclavagistes avaient en grande partie condamnés à une nouvelle servitude, et que les derniers événemens ont empêché de
mettre en vente. Enfin les petits blancs eux-mêmes, qu'une logique
inévitable condamnait d'avance à partager tôt ou tard le sort des
nègres, et pour lesquels les planteurs texiens de l'Arizona et du Nouveau-Mexique avaient ingénieusement établi un système d'esclavage
temporaire, sont redevables de leur liberté future à cette guerre qui
les décime.

(1) On en compte 18,000 dans la Caroline du sud et dans la Floride, plus de 6,000
dans le Kansas, près de 10,000 à Washington et dans les environs, 2,000 à New-Bern,
20,000 sur les bords du Mississipi en amont de Vicksburg, à peu près autant dans la
Basse-Louisiane, 10,000 en Pensylvanie et à Baltimore.

(2) Dans certains comtés du sud, les négresses se vendent maintenant plus cher que
les nègres, parce qu'elles sont plus soumises et n'osent pas s'enfuir.

Ainsi les faits nous autorisent à croire que si l'Union est encore en danger, l'esclavage du moins ne sortira pas triomphant de la lutte. L'institution patriarcale s'en va, et quoi qu'en disent les impatiens, elle disparaît beaucoup plus rapidement que les mœurs américaines ne pouvaient nous le faire espérer. Des millions de noirs auxquels la loi n'accordait pas d'existence morale vont entrer dans le concert de l'humanité et pourront lui rendre d'autres services que celui de labourer péniblement la terre; en même temps des millions de blancs qui s'étaient accoutumés à mépriser le travail et se seraient crus dégradés, s'ils avaient fait œuvre de leurs mains, apprendront que l'homme s'ennoblit par le labeur et contribueront à la prospérité générale. Les habitans des états du nord gagneront aussi à la libération des esclaves du sud, et, sachant désormais que la liberté civique ne doit pas être un privilége de la peau, ils n'offriront plus le honteux spectacle d'une république comptant des ilotes parmi ses membres. Une fois débarrassée de ce lourd fardeau de l'esclavage, la société américaine pourra marcher d'un pas plus rapide vers la réalisation d'autres progrès et commencer une nouvelle ère. Certes c'est une chose immense que la fin prochaine de cette funeste institution dont l'histoire se confond avec celle même de l'humanité depuis les premiers jours de la vie des peuples. Cependant, à l'exception de quelques milliers d'abolitionistes confians dans la puissance des idées, républicains et démocrates du nord s'étaient lancés tête baissée dans le conflit sans prévoir aucunement le résultat de leurs efforts patriotiques, sans vouloir autre chose que le maintien de l'Union. La veille même de l'installation du président, le congrès avait voté d'enthousiasme un amendement à la constitution, interdisant à jamais d'abolir la servitude des noirs dans aucun des états de la république. Maintenant, deux années à peine après le vote de cet amendement mémorable, que d'ailleurs la nation n'a point ratifié, l'émancipation des esclaves est inaugurée dans les états du centre, l'affranchissement est décrété par le président Lincoln dans tous les états du sud. L'esclavage, désormais condamné, épuise ses dernières forces à prolonger la guerre civile, à continuer la série de ces chocs sanglans qui mettent à l'épreuve le courage et la persévérance des deux fractions hostiles du peuple. Ces malheurs serviront-ils d'enseignement aux nations qui possèdent encore des esclaves? Les planteurs brésiliens et cubanais se laisseront-ils entraîner en aveugles vers la ruine, ou bien comprendront-ils que leur seul moyen de salut est de travailler résolûment à l'abolition de la servitude? Qu'ils se hâtent, s'ils veulent échapper au désastre qui menace les propriétaires de noirs dans le pays voisin.

ÉLISÉE RECLUS.